OHSAMA BUNKO

戦国時代ミステリー

博学面白倶楽部

三笠書房

はじめに　野望、陰謀、興亡——「戦国時代」にはまだまだ謎がある！

天正十年（一五八二）六月二日未明に発生した本能寺の変は、戦国史のなかでも最大のミステリーである。時代を一夜にして変えてしまった謀反《むほん》であるが、首謀者の明智光秀の動機がそもそもわかっていない。

かつて信長に虐《しいた》げられた光秀が恨みを爆発させたものと言われてきたが、ことはそれほど単純な話ではないようだ。現在では黒幕説から四国との関係を指摘する説などさまざまにあって、はっきりしない。まさに永遠のミステリーである。

また、豊臣秀吉と徳川家康が南蛮貿易の推進とともに容認してきたキリスト教と宣教師たちの布教を、貿易のメリットを捨ててまで禁止し、弾圧したのはなぜだろうか。そこには宣教師たちの恐るべき計画が隠されていた。

ほかにも、下剋上の先駆である北条早雲の素性にまつわる謎や、武田信玄の父・信《のぶ》虎が、甲斐統一を達成した英雄でありながら、突如息子の信玄ばかりか家臣団までもが結託したクーデターにより追放されてしまった理由など、戦国史にまつわる謎は尽きない。

本書ではこうした戦国時代にまつわるミステリーを取り上げ、教科書が教えてくれない歴史の側面を探っていく。

とくに近年、古文書の解読や発掘が進むことで、新たな事実が判明しつつある。本書ではこうした新発見や新説、近年有力視される説を盛り込むことで、謎の解明をも試みている。

本書を通して、戦国時代にまつわる謎解きを堪能していただければ幸いである。

博学面白倶楽部

目次

第3章　〈天下統一期〉史実に埋もれた「知られざるドラマ」

本文DTP／株式会社システムタンク
本文図版／美創
本文写真提供／PIXTA

第1章

〈群雄割拠の時代〉「歴史の分岐点」で生まれた謎

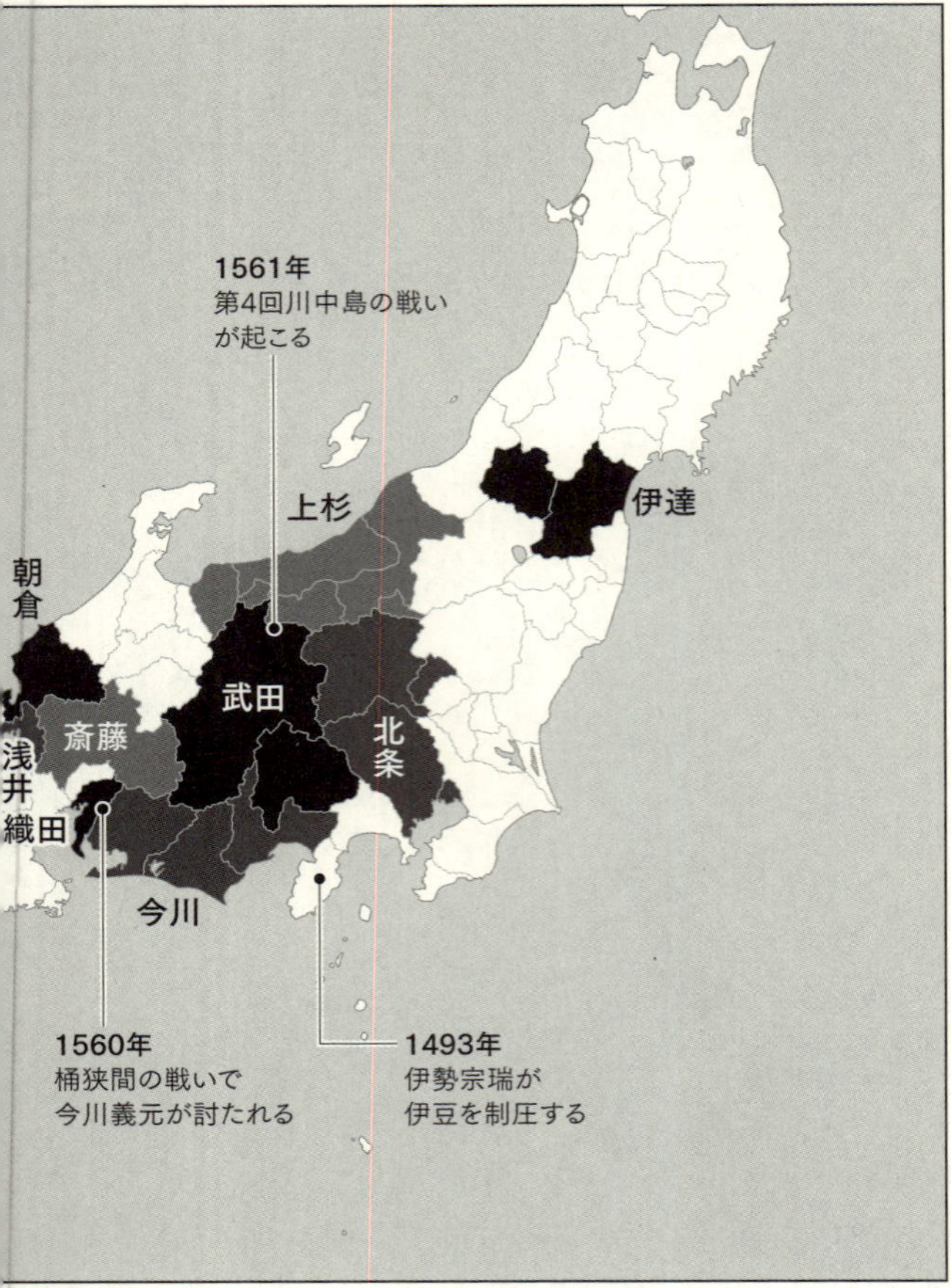
1561年
第4回川中島の戦い
が起こる
上杉
伊達
朝倉
武田
斎藤
北条
浅井
織田
今川
1560年
桶狭間の戦いで
今川義元が討たれる
1493年
伊勢宗瑞が
伊豆を制圧する

◈群雄割拠の時代（1555年頃）の勢力図

応仁元年（1467）に勃発した応仁・文明の乱を機に、日本は群雄割拠の戦国時代へ突入する。関東では北条氏が支配を固め、甲斐の武田信玄が信濃に進出。関東管領を継いだ越後の上杉謙信と戦を繰り拡げた。駿河・遠江を押さえた今川義元は三河を掌握し、尾張進出を企図する。畿内では、三好長慶が幕府の実権を掌握し、畿内と四国の一部を支配した。中国地方では大内氏が勢力を誇ったが、重臣の反乱を経てその領地は毛利元就の手中に帰した

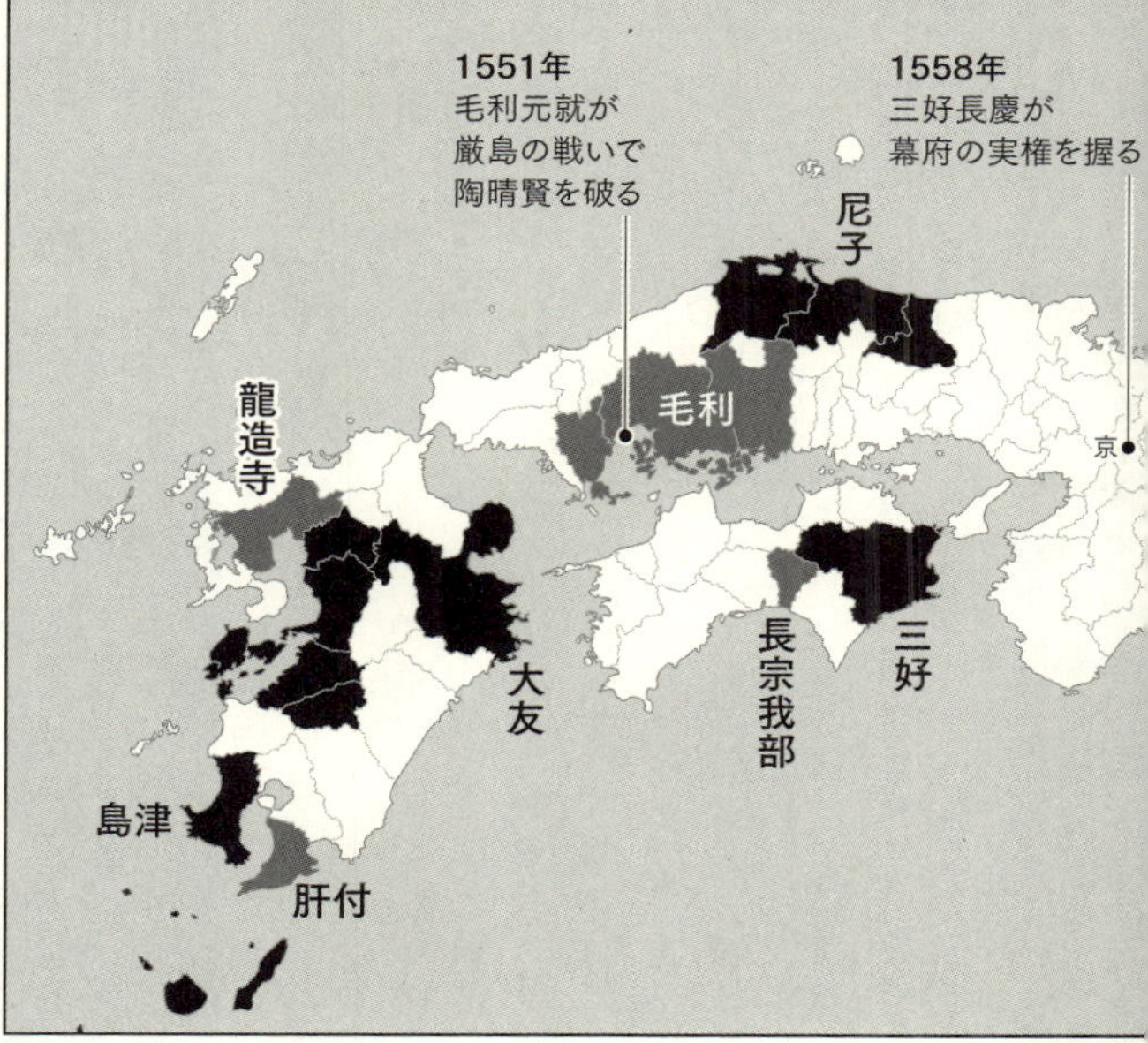
1467年
応仁・文明の乱が勃発する

しっかり者の将軍正室が「稀代の悪女」と呼ばれるまで

日野富子は応仁の乱勃発の責任を押し付けられた⁉

日野富子《ひのとみこ》と聞いてポジティブなイメージを抱く人は少ないだろう。

室町幕府の八代将軍足利義政《あしかがよしまさ》の正室にして、稀代の悪女、悪妻とまで評されてきた人物だ。賄賂を受け取って私腹を肥やし、政界を腐敗させた守銭奴と呼ばれることも多かった。そんな富子の人間像にも近年では変化が見られる。そもそも、富子はなぜそこまで悪《あ》しざまに言われなければならなかったのだろうか。

最も大きな理由は、彼女が応仁・文明の乱の一因となったことにある。十年以上も続いた大乱は京の都を荒廃させ、日本を戦国の世へと時代転換させた。それも富子の我が身と我が子かわいさが発端、という解釈だ。

義政と富子の間には、なかなか跡継ぎができなかった。将軍の跡目が定まらないこ

◈応仁の乱の対立構造

西軍		東軍
日野富子 足利義尚	足利義政	足利義視
山名持豊 （宗全）		細川勝元
持国 義就	畠山満家	持富 政長
義廉	斯波義健	義敏
六角氏、一色氏、大内氏、 河野氏、仁木氏etc.		赤松氏、富樫氏、 京極氏、武田氏etc.

とは世を騒がす争いの種である。

義政は出家していた弟の義視《よしみ》を説得し、還俗《げんぞく》させて跡継ぎに決めたが、なんと翌年に富子が懐妊。跡継ぎとなる実子の義尚《よしひさ》が生まれたため、幕政に力を持つ細川氏、山名氏が義視、義尚それぞれを擁して激しく対立し、争乱へと発展していったのである。

富子は十六歳で輿入《こしい》れしたが、待っていたのは華やかで安逸な暮らしではなかった。夫・義政の傍らには乳母《うば》から愛妾《あいしょう》となった今参局《いままいりのつぼね》の存在があり、彼女の手の内にある美女たちもはべらせていた。

それでも富子は二十歳の頃、初の出産をしたが、その子はすぐ没してしまう。すると富子はこの悲劇を今参局の呪詛《じゅそ》のせいだとして、目障りな相手を排除することに成功している。激しい権力闘争の渦中にあって、己の立場を守るための策であった可能性が高い。

◇「優れた才覚」が悪女説の原因か

権勢欲の強い富子の存在がありながら、彼女のさらなる懐妊を待たず義政の弟が後継に担がれた背景には、側室が身重だったという事情もあるらしい。つまり、側室の子が世継ぎになるくらいならと、富子も義政の考えに同意したのではないかとみられる。

そこへ晴れて我が子・義尚の誕生である。富子が一転して義尚を将軍にするための画策を始めたのは、必然であったといえよう。その結果勃発した応仁・文明の乱。本来なら将軍の義政が鎮圧に臨まねばならないところであるが、当の義政は政務への意欲もなく、風流を好んで浪費を重ね、やがては乱のさなかに隠居して銀閣を建てた人物である。富子は頼りない夫に代わり、義尚の後ろ盾として幕政の中枢に座ると、関所を設けての課税や高利貸し、米相場などで蓄財に励んでいく。

一般に私利私欲にかられた蓄財というが、これを天皇家への援助や幕府の財政支援にも供していたと聞けばそのイメージは変わってくるのではないだろうか。応仁・文明の乱に参戦した諸大名に撤退費用の貸付も行っており、乱を終息へと導いたことも事実だ。

争乱勃発の責任は、いうまでもなく富子ひとりにあるのではなく、畠山・斯波の両管領《かんれい》家、および将軍家の家督争いと、諸大名の勢力争いが複雑に絡み合い、大乱に発展したものである。それがなぜ「悪女」のレッテルを貼られてしまったのか？　その答えは後世、江戸時代に求められる。

政治、経済に優れた才覚があった富子は、夫に代わってその手腕を思う存分にふるった。この歴史は、江戸時代の武家の通念上、好ましくないもの。夫の優柔不断が招いたお家騒動をつまびらかにするのも具合が良くない。良妻賢母、内助の功が女性の理想像とされる社会規範のなかで、権謀術数に長けた富子は善ではなく悪、しかも稀代の悪女へと仕立てられていったのだ。

焼け野原の京都で天皇家はいかにして生き延びたのか？

権力を失い、経済的にも厳しかった天皇家

神代から続くといわれる天皇家。世界の王室の中でも最古の歴史を誇り、今に受け継がれる儀式からは雅やかな伝統がうかがえる。

だが、天皇家も長い歴史の中では、栄華を極めるばかりではなかった。武士が政権を握った期間が建武の新政の中断を挟んで約七百年もあるうえ、応仁・文明の乱から戦国時代が終わるまでは混沌とした無政府状態である。

戦乱の舞台となって焼き尽くされた京都で、天皇家はいかにして存続できたのだろうか。

実は、室町時代には天皇家が領地から得られる収入は、中級公家と同程度だった。非常に厳しい経済状態であり、出費をまかなうには借金せざるをえず、領地から入っ

◈戦国時代の天皇家系図

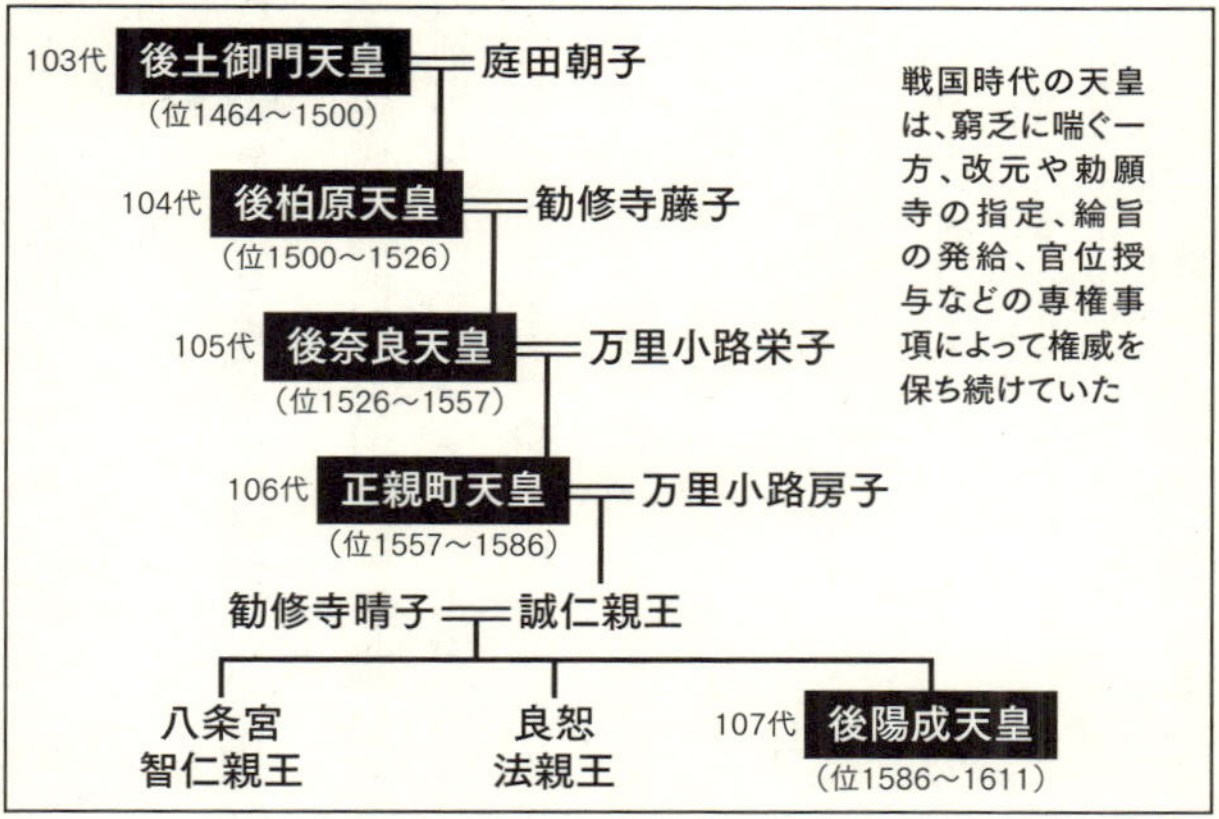

てくるお金もその返済や奉公人の給金でほとんどが消えるような有様だった。

天皇家は、政権を武士に握られたうえ、その幕府に金銭的にも依存する状況に陥っていたのである。

そこへ大乱が勃発し、幕府の権威も失墜。天皇家は頼るよすがを失ってしまった。幕府に費用を用立ててもらえないと儀式を執り行うこともできない。

それがゆえに、後土御門《ごつちみかど》天皇は何度も退位を宣言しながら、なかなか退位できなかった。当時は平安時代からの伝統により、父の後花園《ごはなぞの》上皇が院政を敷いていた。

後土御門天皇もそれにならうはずだったのだが、譲位に伴う大嘗会《だいじょうえ》などを行うことができず、明応九年（一五〇〇）、上皇とならないまま崩御。院政は戦国時代末に途絶えることとなる。

◇官位と引き換えに献金と保護を獲得

さらに後土御門天皇崩御の後、後柏原天皇への代替わりに際しては、実権を握る管領の細川政元に「無益なり」と儀式のための出費を拒まれてしまう。天皇家は混迷の時代において苦杯をなめ、屈辱に耐えるほかなかったのだ。

後柏原天皇が皇位についたことを宣言する即位式がようやくできたのは、二十年もの後、本願寺宗主の実如《じつにょ》らの献金によってであった。大嘗会にいたっては、江戸時代に入り、貞享《じょうきょう》四年（一六八七）に東山天皇が復活させるまで二百年以上も途絶えたままとなった。

そのような苦境にありながらも、天皇家の権威に注目する者たちが現れる。というのも、将軍はすでに名ばかりで力を失っているため、有力な戦国大名らが自らの勢力圏を拡大する正当性の証として天皇の命である綸旨《りんじ》を求め、官位を望んだのである。綸旨、官位叙任と引き換えに、天皇家は大名から献金を受け取り、保護を受けた。

越後の長尾・上杉氏は綸旨を受け、武田・後北条氏に対抗して関東に進出する正当化を図ったのは好例である。また、美濃《みの》の斎藤氏は織田氏に対抗すべく、美濃守に任官してもらっている。

少しずつ「権威」と「経済力」を復活させた

そして、後柏原天皇の後を継いで大永《だいえい》六年（一五二六）に皇位に就いた後奈良天皇は、それから十年を経て即位式を挙げることができた。大内氏、土岐《とき》氏らの献金を得て実現したのである。

こうして、後奈良天皇の頃から、大名らの勢力図と抗争を巧みに捉えた舵さばきにより、朝廷の権威と経済力は復活していった。また後奈良天皇は、民の苦しみに心を痛め、般若心経の写経を行って民の暮らしの安定を祈るなどしている。人々はそうした天皇の姿に心を打たれ、衰退を極めた天皇家への崇敬の念を蘇らせていったのである。

妹の北川殿は今川義忠の「正室」だった

北条早雲《そううん》といえば、一介の素浪人から身を興して伊豆、相模《さがみ》の支配者となり、後北条氏の祖となった人物。下剋上を体現した戦国大名として知られている。

その物語のような生涯に歴史ロマンを感じる人は多いだろう。

しかし実は、近年になり、その怒濤《どとう》の立身出世の物語に疑わしいところが多いとわかってきた。広く喧伝《けんでん》された筋書きでは辻褄が合わないのである。

早雲は今川氏を頼って駿河《するが》に赴き、この地でめきめきと頭角を現していったと伝えられるが、そもそもこれは早雲の妹（姉とも）が今川義忠《よしただ》の愛妾だった縁からとされてきた。義忠が土一揆《どいっき》で命を落とすと、早雲は妹の産んだ氏親《うじちか》を助け、家督争いを治めて興国寺城の城主となっている。

だが、早雲の妹、名を北川殿《きたがわどの》といい、れっきとした正室。側女《そばめ》などではない。今川氏は足利将軍の親族で守護の中でも名家であり、そこに正室として嫁ぐからには、それなりの家柄でなければ釣り合わない。

北条氏の基礎を築いた北条早雲

ということは、兄弟である早雲も、出自の怪しい素浪人などではなく、立派な家柄であったのではないか。

急浮上してきた実名と素性

これまで早雲は、伊勢平氏の後裔《こうえい》・関氏から枝分かれした家系に連なる人物とされてきた。伊勢出身の浪人というだけで、それ以外は今川家に身を寄せるまで経歴もほとんどわからなかった。

そこへ近年になり浮上したのが、実名を「伊勢新九郎盛時《しんくろうもりとき》」とする説。これが有力視されるようになってきたのである。

そもそも「北条早雲」という名前は、後世につけられた呼び名であり、本人がそう名乗っていたわけではない。鎌倉時代の北条氏と区別するため「後北条氏」と呼ばれる一族の祖ではあるが、北条を名乗り始めたのは早雲の息子・氏綱の代からである。また早雲の名は、早雲庵という号に由来する。

実は由緒ある武家の生まれだった？

では、伊勢新九郎盛時とは、どんな人物だったのか。

伊勢という姓の一族は、京都と備中に存在したことがわかっている。京都の伊勢氏は室町幕府の要職を務めた家柄で、そこから分かれた庶流が備中にいた。早雲は備中の伊勢氏の家に生まれ、八代将軍・足利義政の側近で、政所執事《まんどころのしつじ》を務めた伊勢貞親《さだちか》の甥にあたる。そして、貞親の養子となって幕府の申次衆《もうしつぎしゅう》を数年間していたとされている。申次衆とは、将軍のもとへ参上した者の名前と用件を取り次ぐ役目である。

そのような家柄であるなら、名家・今川氏に嫁ぐのも十分納得できる。新九郎盛時の妹は北川殿と呼ばれる正室となり、息子・氏親を産んだのである。

◈室町幕府の名族伊勢氏の系譜だった“北条早雲”

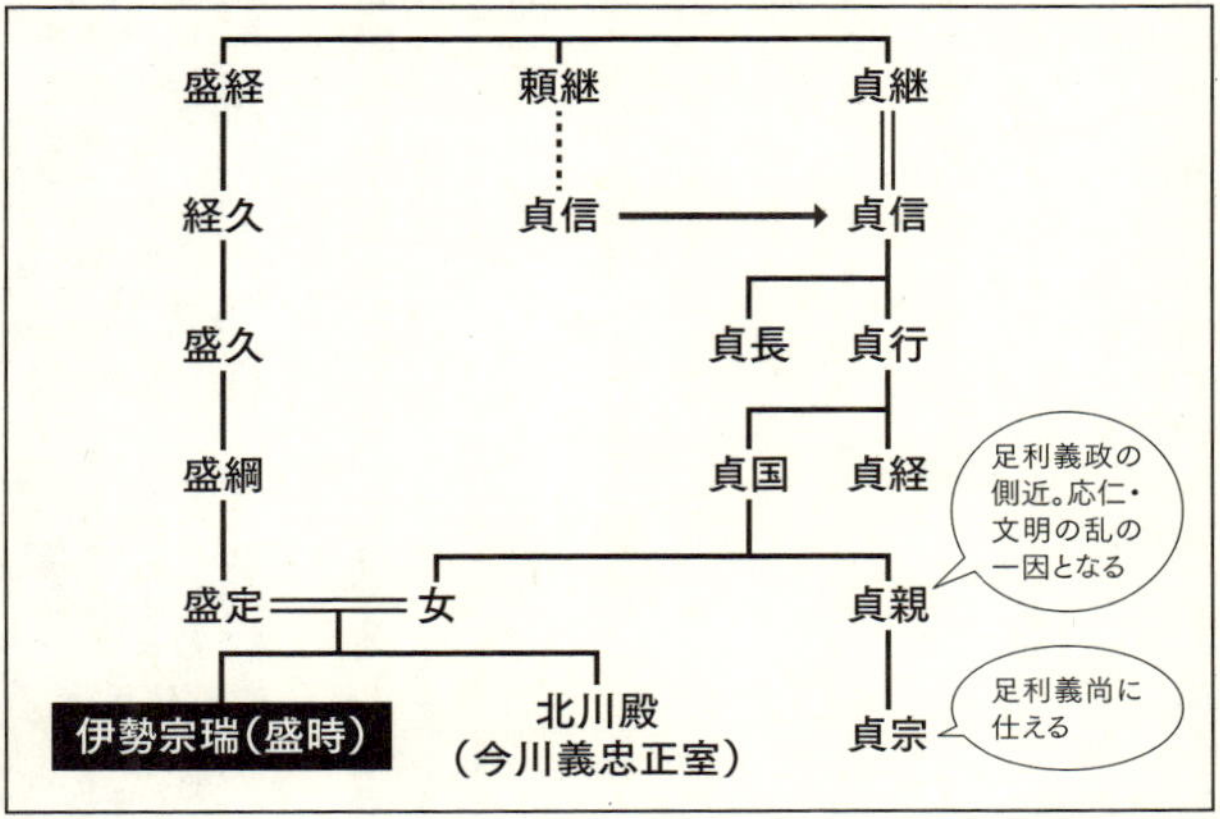

さらに、この新九郎盛時は早くから今川氏を頼って滞在していたわけではなく、義忠の死後に家督争いが起きて困った北川殿が、助けを求めたようだ。

盛時は甥である氏親に跡を継がせるために、幕府との仲介役も果たしたとみられている。不遇の身から実力だけで成り上がったのではなく、由緒ある武家の才覚ある人物だったということになる。

親子二代で成り上がった斎藤道三の〝国盗りの謎〟

新たな発見によって浮上した父の代での成り上がり

油売りからのし上がり、美濃国を乗っ取って主になったとして知られる斎藤道三《どうさん》。司馬遼太郎の小説『国盗り物語』に描かれ、これを原作として一九七〇年代にはNHKの大河ドラマの主役ともなった。

それにしても、油を売り歩く行商人と美濃一国の主では天と地ほどの違いである。戦乱の時代に生まれ落ちた傑物だったにせよ、一代にしてどうやってそこまで成し遂げられたのかと不思議に思う人もいるだろう。近年の研究から、それまで知られていた「成り上がり」は事実ではないということがわかってきた。

実は、道三の経歴として伝えられる事柄のうち、一部は父親のものだった。つまり、父子二代にわたる業績がいつしか一緒にされたようなのだ。美濃の「まむし」と恐れ

斎藤道三が居城とした旧稲葉山城（岐阜城）

られた道三は、自らの父の出世劇も奪い取る形で後世に名をはせたのである。

通説の誤りを明らかにしたのは『六角《ろっかく》承禎条書写《じょうていじょうしょうつし》』と呼ばれる史料。六角承禎（義賢）というのは近江《おうみ》守護だった人物で、彼が永禄三年（一五六〇）に家臣に宛てて書いた文書が『六角承禎条書写』である。

そのなかで事実を示唆しているのが、道三の長男である斎藤義龍《よしたつ》について触れた一文だった。そこには義龍の祖父、すなわち道三の父の代からのバックグラウンドが書かれていたのだ。

それによると、道三の父・新左衛門尉《しんざえもんのじょう》は京都の妙覚寺の僧侶だったが、還俗し、西村姓を名乗った。その後彼は美濃の守護・

土岐氏の家臣である長井弥二郎《やじろう》に仕えていたが、内乱に際して手柄を立て、長井家の重臣へ昇格。長井姓を許され、長井新左衛門尉となる。その息子として生まれたのが長井新九郎、すなわち道三だという。

さらに、新左衛門尉は長井家の当主・長弘を殺害して主家を乗っ取った。土岐頼芸を美濃守護職につけたのも彼だという。これ以降が道三の業績。彼は守護代の斎藤家を乗っ取り、斎藤新九郎利政を名乗ると、土岐頼芸を美濃から追って国盗りを成し遂げるのである。

これまで通説では、父ではなく道三自身が幼い頃に妙覚寺に入り、還俗して松波庄九郎と名乗り、さらに山崎屋庄九郎（または庄五郎）として油売りをしていたといわれてきた。長井家の家臣に見込まれ、西村家を継いで西村勘九郎と名乗った時期もあったとされた。その後、主君の長井長弘《ながひろ》を殺し、長井家を乗っ取ったうえ、守護代・斎藤家を継ぎ、やがて剃髪し、道三と号したとされてきたのである。

はたして道三の父・新左衛門尉が本当に油売りをしたのかどうかは定かではないものの、寺から俗世に戻り、その才覚で身を興すまでは父の代での出世話であった。その息子として生まれた道三は、その道をさらに駆け上がっていったのである。

骨肉の争いのきっかけとなった、斎藤義龍出生の秘密

「父子の戦」はなぜ起きたのか？

親子二代にわたる国盗りを成功させ、美濃の「まむし」と恐れられた斎藤道三だが、最後には長男の斎藤義龍に殺されてしまう。道三の跡目争いから父子の戦となり、子が父を討つ結果となったのだ。

戦国の世とはいえ、なぜ父子が戦わなければならなかったのか。そこには義龍の出自に関する謎がある。正妻だけでなく妾《めかけ》がいて、跡継ぎとなる男児を次々に産むことが求められた時代、当然、家族関係は複雑になる。

義龍の出自については、さらに事態を複雑にする要因があった。母親の深芳野《みよしの》は道三の正室ではなく愛妾で、道三と正室との間には子はなかった。一方深芳野は義龍を出産後、さらにふたりの男子を産んでいる。

問題の根っこは、深芳野がもともと美濃の守護土岐頼芸の愛妾だったことにある。道三はやがて頼芸を追い出して美濃国を奪い取るが、深芳野は道三がまだ頼芸に仕えていた頃に仲を取り持った丹後の一色《いっしき》家の娘であった。

現代人の感覚からはとうてい理解しにくいが、その後、深芳野は道三に嫁いだ。自分が主人に仲介して妾となった女性を、次に自分が譲り受けたのである。『美濃国諸旧記』によれば、義龍が生を受けたのは、その半年ほど後だったといわれている。つまり、深芳野が道三のところへ来たときは、すでに土岐頼芸の子を宿していたことになる。それが道三、義龍の不和を招く一因となったとよく言われてきた。

結果、自らが道三の実子ではなく頼芸の子だと悟った義龍は、道三が実子の三男・喜平次《きへいじ》を溺愛するのを見て家督を奪われると考え、喜平次と孫四郎というもうひとりの弟まで仮病を使って呼び出し、殺害に及ぶこととなる。

巨体が物語るのは深芳野ではない母親の姿!?

ただし、こうしたスキャンダラスな説は江戸時代に生み出された可能性が高いと、桑田忠親氏などが指摘してきた。あくまで義龍は道三の息子であるというのだ。

この説で義龍の本当の母親かもしれないとされるのが、深芳野ではなく、道三の先妻である。かつて道三は家臣の稲葉良通の娘を先にめとっていて、この妻は正室を迎える前に亡くなっていた。彼女の容姿について、身長が高く大女だったとする書物があり、そこには義龍の母ではないかとの説も記されている。

もしも先妻の子であるなら、義龍は道三の実子ということになる。

ただし、義龍自身は深芳野を母と見ていたようで、のちに彼女の生家の一色の姓を名乗っている。

道三の嫡男・斎藤義龍の肖像

◇本当に忠義の人だったのか？

毛利元就《もうりもとなり》は数知れない謀略をめぐらせ、中国地方を支配する戦国大名へとのし上がった。そのしたたかな処世術を考えたとき、どうもしっくりこないのが大寧寺《だいねいじ》の変の後に行った陶晴賢《すえはるかた》の討伐である。

大寧寺の変とは、中国・北九州七ヶ国の守護として勢力を誇った山口の大内義隆が、天文二十年（一五五一）、重臣・陶晴賢の謀反に遭い、大寧寺で無念の死を遂げた事件である。元就は義隆に属していたため、その後、厳島《いつくしま》に城を築いて晴賢の大軍をおびき寄せ、弔い合戦として討ち取ったといわれてきた。言い換えれば、元就は主君の仇《かたき》をとったという見方である。

そもそも大内義隆には明《みん》との交易で得た財力があり、戦乱の京都から逃れてきた公家たちを保護して文化振興に力を入れていた。

武断派の重臣・晴賢は、そんな文化に熱を上げる主君・義隆に不満を募らせ、ついにクーデターを起こしたといわれる。義隆を倒した晴賢は豊後にいた義隆の親戚筋の大内義長を擁立。反発した国人たちを平定して、大内家の領内を意のままに支配しようとした。

そこで元就も晴賢にあらがう姿勢を明らかにし、天文二十四年（一五五五）、得意の策謀によって厳島での奇襲攻撃を成功させ、晴賢を倒したのである。

善人の仮面をかぶったまま大内氏を乗っ取る

仇討ちの筋書きを信じるなら、元就は乱世においても主君への忠義を忘れない律儀な武将のようだが、現実にはそうではない。何といっても、これを機に大内領を接収していき、尼子《あまご》氏と並ぶ中国地方の二大勢力にまでのし上がっている。毛利家にとってビッグチャンスとの計算が働いていたといえるだろう。それだけではない。実は、元就は晴賢のクーデター計画に加担していたことが、明らかになってきた。共犯者であったとすれば、忠臣による仇討ちどころの話ではない。

毛利氏と晴賢が密かに通じていたことは、晴賢のライバル相良武任《さがらたけとう》の申状に書かれている。武任は晴賢との争いに敗れ、晴賢のクーデター計画を知って自らの命が危ういと考え、出奔した。申状はその出奔について弁明したものだ。

そこには、元就とその子が山口に滞在していた際、晴賢の従者が毎晩、密書を運んでいたと綴られている。晴賢は大内義隆の配下にある者を自分の側につくよう画策していて、元就はなかでも重要なターゲットだったのだ。

加えて、大寧寺の変の前年、天文十九年（一五五〇）に元就の次男に晴賢が送った密書も残されている。そこではクーデターの内容が明かされ、毛利家に参加を促している。実際のところ、元就は大寧寺の変が起こった際、安芸《あき》の銀山城《かなやまじょう》を我が物としたほか、安芸の頭崎城を攻め落とすなど軍事行動を起こした。主君・義隆の生前の意向であると唱えてはいたが、実は謀反を起こした晴賢に連動して動いていたのだ。

元就は名目的には義隆に属していたが、何より重要なのはいうまでもなく毛利家の利益と発展。義隆と重臣との軋轢《あつれき》をチャンスと捉え、クーデターに乗っかり、邪魔な首謀者を排除して、大内領の乗っ取りに成功したのである。

イエズス会宣教師たちによる恐るべき計画とは？

伝道の目的は戦乱に苦しむ人々を救うことではなかった⁉

イエズス会の宣教師と聞くと、神の愛を説いた平和的なイメージをもつ人も多いだろう。戦乱に苦しむ人々は魂の救済を求め、彼らの伝えたキリスト教を受け入れた。

日本にキリスト教をもたらしたのは、天文十八年（一五四九）に鹿児島に上陸したフランシスコ・ザビエルだ。同地の支配者は薩摩・大隅の統一を果たした島津貴久で、彼は西洋との貿易のメリットを十分に心得ていたことから、このポルトガル人宣教師を歓待し、布教活動を行うことにもお墨付きを与えている。

さてこのザビエル。イエズス会の設立メンバーでもある。当時のヨーロッパでは宗教改革によりローマ＝カトリック教会からプロテスタント勢力が分裂。勢力拡大を続けていた。イエズス会はそうしたなか、プロテスタントの動きに対抗して海外に信徒を獲得するために結成された組織で、アメリカやアジアにカトリックを伝道すべくポルトガル人やスペイン人の宣教師を盛んに送り出していた。

かくしてザビエル以降、続々と宣教師が日本に渡ってくることになるのだが、その真の目的は、必ずしも個々人の信仰だけに帰結するものではなかった。

日本を征服し、明の侵略に軍事動員する筋書き

では、来日したイエズス会の宣教師たちは何を目論《もくろ》んでいたのか。

その手がかりとなる史料からは、日本征服、明征服という恐るべき計画が浮かび上がってくる。信者を増やして日本をカトリック教国につくりかえ、さらには大名たちに軍隊を編成させて明に出兵させるというのだ。

コエリョというイエズス会日本準管区長の書簡には、兵隊と弾薬や大砲、船の派遣を急ぐようにフィリピン布教長に求めたものがある。キリシタン大名を軍事支援し、従わない者に改宗するよう圧力をかけるというのだ。同じく宣教師のヴァリニャーノがフィリピン総督に宛てた書簡では、日本人は常に軍事訓練をしていて簡単には征服できないから、慎重に進めなければならないとしている。

◈イエズス会史年表

1534年	ロヨラを中心にパリにて創設される
1540年	教皇パウルス3世より、イエズス会が正式に認可を得る
1542年	ザビエル、ポルトガル王の要請を受けてにインドのゴアへ赴く
1549年	ザビエル来日し、日本にキリスト教が伝来する
1580年	大村純忠が長崎の統治権をイエズス会に託す
1587年	バテレン追放令によって日本での布教活動に打撃を受ける
1612年	翌年にかけて日本で禁教令が発布。イエズス会は撤退
1773年	クレメンス14世の回勅によりイエズス会が禁止される
1814年	教皇ピウス7世の小書簡により復興する

ザビエル来日400年記念として建設された山口市の山口サビエル記念聖堂（再建）

いずれにしても、思想的に征服した日本の軍事力を、明征服のために動員する筋書きは一致している。その後も、スペイン国王に宛てて日本のキリシタンの兵を明に派遣できると綴った宣教師はひとりにとどまらない。大名や武将の改宗が続いた時期には、明征服の第一歩として日本の征服が実現可能に見えたのかもしれない。

そうしたイエズス会の野望を打ち砕いたのが、豊臣秀吉だった。キリシタン大名より長崎を寄進され、要塞化を進めるという宣教師たちの動向に危機感を高めた秀吉は、天正十五年（一五八七）、バテレン追放令を発令。キリスト教を禁じ、宣教師の追放を定めたのである。

秀吉の朝鮮出兵についても、スペイン、ポルトガルによる明の征服計画に対抗して、行ったものとする平川新氏の解釈もある。実際に秀吉はかねてより明の征服という構想をもっており、朝鮮出兵に際してスペイン、ポルトガルに明征服を目指すとわざわざ宣言までしている。

全国平定を成し遂げた秀吉の異様な行動とみなされることも多い朝鮮出兵だが、ヨーロッパに日本の軍事力を知らしめ、イエズス会も計画変更を余儀なくされたという見方も成り立つのだ。

武田信玄――父と子の「悲しすぎるすれ違い」

同じ母の産んだ四歳下の弟ばかりをかわいがった父

武田信虎は息子の信玄に比べると知名度に欠けるが、永正《えいしょう》四年（一五〇七）、父の死後に十四歳で家督を継ぐと、甲斐国内に割拠する国人を力でねじ伏せ甲斐統一を達成した、立志伝中の人物である。

そんな信虎の嫡男として、大永元年（一五二一）に生まれたのが信玄である。母は甲斐の豪族・大井信達《のぶさと》の娘。その前年に信虎へ差し出された人質であった。また、その四年後には、弟の信繁《のぶしげ》も生まれている。

本来であれば、嫡出として最初に生まれた男子の信玄が、いうまでもなく父・信虎の跡継ぎである。

ところが、信玄は父に疎まれた。『甲陽軍鑑』によると、二番目の信繁ばかりがかわいがられ、後継になりそうな状況となったとされている。

それを周囲にはっきりと示したのが、天文七年（一五三八）の正月の宴席の出来事。父は信繁の盃《さかずき》にのみ酒を注ぎ、信玄には注がなかったという。

このままでは家督を継ぐことはできないとみた信玄は、父を追放する策を練り、ついに実行した。自分が排除されるより前に、クーデターを起こして国主となったのだ。天文十年（一五四一）、信虎が娘の嫁いだ駿河の今川義元のところへ赴くと、信玄は家督相続を宣言し、国境を封鎖して父が帰国できないようにしたのである。

なぜ信玄は、そのような暴挙に出たのだろうか。下剋上の世であっても、自らの父親を追放するのは大罪。許されざる罪を犯した人間であるとの悪評が、信玄には一生ついてまわることとなった。それでも避けられない事情があったのだろうか。

信虎の悪政を憂い、武田家の将来のために決断!?

信玄が父親に情愛を注がれなかった理由として、父子が似すぎていたからという説がある。

信虎はいかにも勇猛な容姿で、荒い気性の息子が、己を見るようで好きになれな

◈信虎追放を巡る相関図

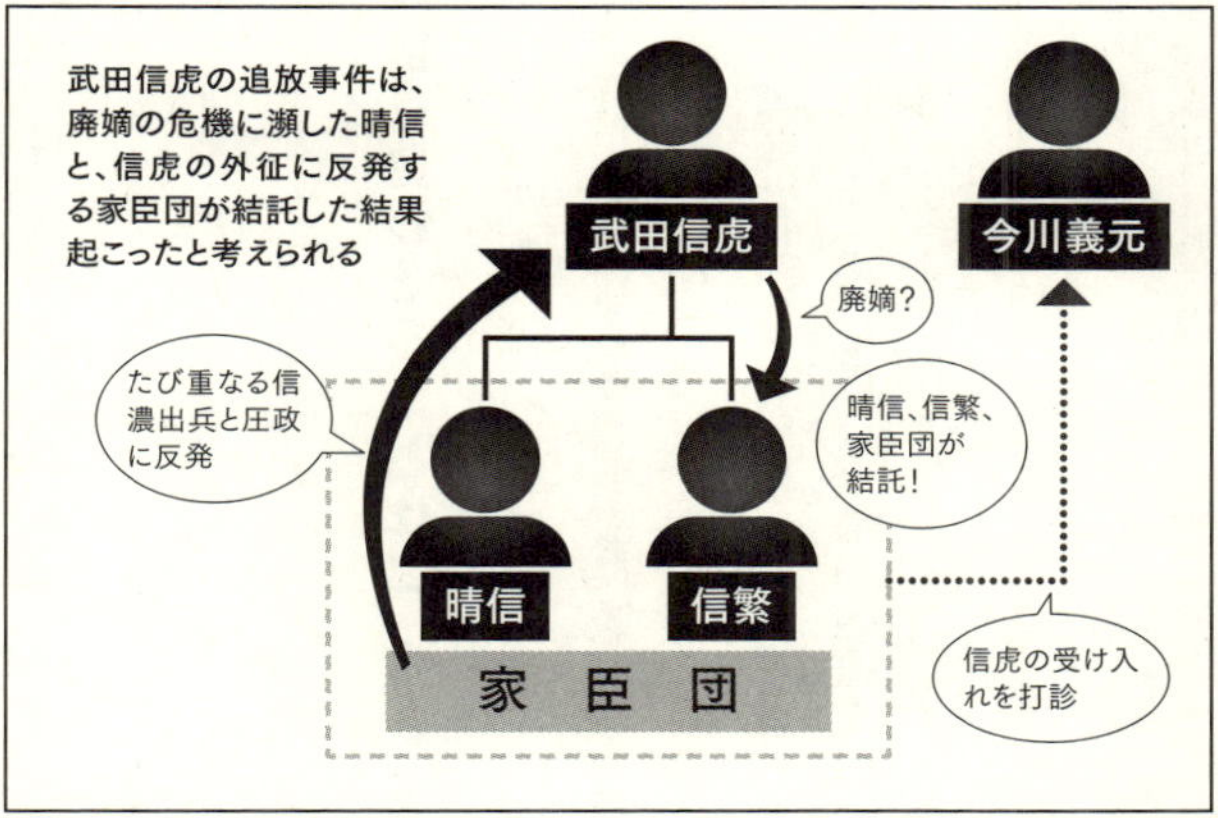
武田信虎の追放事件は、廃嫡の危機に瀕した晴信と、信虎の外征に反発する家臣団が結託した結果起こったと考えられる
武田信虎
今川義元
廃嫡?
たび重なる信濃出兵と圧政に反発
晴信、信繁、家臣団が結託!
晴信
信繁
家臣団
信虎の受け入れを打診

かったのではないかということだ。

そして、信玄が父追放の決断に至った要因としては、信虎の悪政、悪行が目に余るものだったためといわれている。

たしかに信虎はバラバラだった甲斐を統一した強力なリーダーであったが、甲斐統一後はそのカリスマ性に陰りが出てきていたようだ。

何度も繰り返される信濃への出陣に家臣も民も疲弊し、不満が渦巻くなか、信玄は武田家の行く末を重臣と話し合い、追放を決めたという。

ほかにも信虎の独断に対する反発や、苛烈な性格の信虎への権力集中に対する危惧などが背景として考えられている。

信玄は姉の婿である今川義元の承諾と協力をとりつけており、信虎は以降、二十五年にわたり義元のところで世話になる。生活費や身の回りの世話をする女中衆を信玄が負担するといった取り決めが書かれた書状も存在しており、用意周到に行なわれたクーデターだったことがわかる。

顔を合わせることは〝二度と〟なかった

ただし、以降の父子の関係は、激しい憎悪に満ちた絶縁状態ではなかったようだ。信虎は今川義元亡き後、信玄に駿河への進出を勧め、信玄はそれを聞き入れている。

その後、信虎は武田領となった信濃の高遠《たかとお》まで戻ることはかなったが、父子が顔を合わせることは最後までなかったようだ。天正元年（一五七三）、信玄が三河の陣中で病に倒れると、信虎は京都の名医を派遣し、息子の治癒を祈願している。願いかなわず信玄がそのまま力尽きると、信虎自身も翌年には後を追うように没した。

上杉謙信が生涯妻帯しなかった衝撃の理由

実は女性という説まで!?

「越後の虎」と呼ばれる上杉謙信。彼の生きた時代には、何人もの側室をもって跡継ぎをもうけ、お家安泰を図るのが当然とされていたが、正室すら迎えなかったことが知られている。

「英雄色を好む」といわれるように、勇猛果敢な武将として名をはせた人物であれば、そちらの欲望も旺盛だったというほうが納得しやすい。実子の不在は後々の家督争いを招く一大事であるにもかかわらず、妻帯せずにいた特別な理由があったのだろうか。

これについては、すでにさまざまな説が出ている。最もストレートなのが、謙信が男色を好んだとする説。常に美少年をはべらせて、見目麗しい親衛隊までつくったともいう。ほかに、戦で負った傷が原因で性的不能になったとする説があるが、ケガをしたのは脚とみられ、男性機能に影響を与えるとは考えられない。

さらには、謙信は本当のところは女性だったとする珍説さえある。また、追放した兄への罪の意識からだったとする説などもある。

戦勝を祈って「誓い」を立てていた？

最も信憑性が高いとみられているのは、武神・毘沙門天《びしゃもんてん》への帰依によるとする説だ。戦の際に謙信が掲げた旗に、毘沙門天の「毘」の字が書かれていたことは有名な話。戦勝を祈願し、不犯の誓いまで立て、それを守り抜いたということだ。

謙信は生母・虎御前《とらごぜん》の影響で真言密教を熱心に信奉した。幼い頃は寺に預けられていたし、若くして仏道に入っている。肉食妻帯を禁じた厳しい戒律のもとに生き、武運を願う信仰心が勝って、跡継ぎは二の次になったのかもしれない。

ただし、周囲に女性の影がまったくなかったわけではない。

そもそも大名であるから、当然、身の回りの世話をする女性がいる。春日山城の謙信のもとには重臣・直江実綱《さねつな》の娘が仕えていた。この実綱の娘はふたりとも美しく、妹は後に直江兼続《かねつぐ》に嫁いでいる。一方の姉は、謙信が上洛《じょうらく》している間に出奔し、信濃の善光寺に入ってしまった。突然、尼になったのは謙信と不和になったからとうわさされており、何か特別な想いや関係があったとみることもできる。

◇謙信を魅了したのは美貌の人質・伊勢姫

もうひとり、謙信のそばにいながら寺に入ってしまった女性がいる。それが上州平井城主・千葉采女《うねめ》の娘・伊勢姫。謙信が関東に兵を進めた際、人質として差し出された娘である。謙信は伊勢姫の美貌にすっかり心を奪われ、我がものとすべく側室にしようと考えたが、家臣たちにいさめられた。敵方の美女に籠絡《ろうらく》され、心を許すようでは、上杉家を揺るがす大問題になりかねないと必死で止めたのである。

謙信は渋々あきらめたというから、やはり女性にまったく興味がなかったわけではないのだろう。伊勢姫はその後、尼になったと伝えられる。

また、縁談の話もあった。関白・近衛《このえ》前嗣《さきつぐ》が自身の妹である絶姫《たえひめ》を妻に迎えるように勧めてきたのだ。絶姫もまた美女であったようだが、謙信はこれを断っている。女性に縁がなかったというより、あまりに過酷で複雑な状況が、謙信の男としての欲望や安らぎを求める心を封じてしまったのかもしれない。

出家を決意して春日山城から出奔!?

「もうこんな家はイヤだ。出て行ってやる!」と家を飛び出すのは、未熟な子どもか若者のすること。勇猛果敢にしてストイックな戦国武将には似つかわしくない。それだけに上杉謙信が家出をしていたと聞けば、たいていの人は驚くだろう。

謙信が出奔したと伝えられるのは、弘治《こうじ》二年(一五五六)、二十七歳のときのこと。兄から家督を奪って春日山城主となってから八年後であり、すでに国を背負って立つ主であった。すでに川中島では二度にわたり武田信玄と戦っている。

そのような身でありながら城を出るとは、いったいどうしたことだろう。

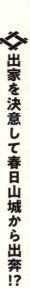

このとき、謙信は俗世を離れ、比叡山《ひえいざん》もしくは高野山に入るつもりだったという。

その心情は、恩師・天室光育《てんしつこういく》への手紙で明らかにされている。謙信が幼くして預けられた春日山城下の林泉寺《りんせんじ》で、彼を厳しく教え導いた名僧である。そのような恩師に出家の意志を伝えたからには、よほどの覚悟を決めてのことだったのではなかろうか。

春日山城を出ようと決意するまでには、何があったのだろうか。

理由は家臣たちのもめごとにへきえきしたこと!?

城を出た理由として恩師への手紙に書かれていたのは、自分が懸命に努力しても家臣らのもめごとがおさまらないということだった。家臣たちは自分の利益を求めるばかりでもはや打てる手もなく、国主として仕事が続けられないから自分は身を引くが、どうか理解してほしいと綴っている。

当時、越後の国内では所領争いが絶えなかった。同族間でも仲が悪い者同士がそれぞれ「この土地は自分のものだ」と言い立てたり、小領主が所領への不満を募らせたりといった具合で、軋轢が生じていた。さらに長引く戦による疲弊も重なり、争いごとが多かったのである。

謙信が「すべて嫌になった」としても不思議ではないが、だからといって突如として行方をくらますのは、現代の感覚でいえば、無責任極まりない。

この謙信の家出は、狂言ではないかとみる人も少なくない。家臣が反省して心を入れ替え、主の言うことを聞いて結束する効果を狙ったというのだ。

実際、越後国が大騒ぎになったのはいうまでもない。家臣たちは謙信の帰国をこい願い、謙信の姉婿で長老格の長尾政景《まさかげ》が小領主たちから誓約をとり、それを差し出して何とか謙信を納得させ、帰国させることに成功した。仮に狂言だったとすると、狙いは当たったことになる。

突然の出奔というわりに経緯がスローペースであることも、狂言説の裏付けとされる。家臣たちに「自分は出家する」と言い渡したのが三月下旬、恩師・光育に手紙を書いたのが三カ月後の六月下旬、政景が関山権現にまで足を運んで連れ戻したのは、それからさらに二カ月近く経った八月中旬だったのだ。

国主が突如として出奔した緊急事態であれば、より迅速に対応したであろうし、本人も出家の意志が固まっているなら、のんびりしていないで比叡山なり高野山なりに向かったのではあるまいか。

ともあれ、上杉家家臣団のいさかいはひとまず収束。謙信のもと、一応の結束を取り戻したのだった。

川中島の伝説が生まれたワケ

川中島の戦いといえば、歴史に詳しくない人でも聞き覚えがあるほど有名だ。甲斐の武田信玄が信濃制覇を目指して兵を進め、領地を奪われた信濃の豪族らが越後の上杉謙信を頼り、謙信も迫りくる信玄をはねのけるべく出陣、川中島において五度にわたり衝突した合戦である。

しかもそれは、両者がにらみ合って短期間のうちに繰り返されたものではない。天文《てんぶん》二十二年（一五五三）年から永禄《えいろく》七年（一五六四）にかけて五次、足かけ十二年にもわたり、兵を出したり、国に戻ったりしたのだから大変だ。

なかでも、最も激しい合戦となったのが、永禄四年（一五六一）の四度目の戦いである。一般的に川中島の戦いというと、この戦いを指すことが多い。

激戦であったうえ、このときは信玄と謙信が一騎打ちをしたとの伝説がある。頭を白布で包んだ謙信が馬上から信玄に太刀で斬りかかり、これを信玄が軍配で受け止めたという何ともドラマチックな対決である。

謙信が太刀で斬りつけたのが三度で、信玄の軍配には七つ傷が残っていたと伝えられることから、現場とされる場所には「三太刀七太刀之跡《みたちななたちのあと》」の碑が建てられている。

歴史ロマン派の人には残念だが、総大将同士の大勝負は現実にはなかったらしい。といっても、何かベースになる史実でもなければ、ここまで語り継がれることもない。実際には何が起こったのだろうか。

信玄の本陣に斬り込んできた白頭巾の武将とは

武田信玄・勝頼の二代の記録『甲陽軍鑑』は、「朝霧が晴れたとき、上杉軍一万八千が武田軍一万二千の前に現れ、武田軍は混乱に陥った」と、この合戦の朝の様子を伝えている。

実は、このとき信玄は「啄木鳥《きつつき》の戦法」という作戦を仕掛けていた。啄木鳥は虫の潜む穴の一方をくちばしでつつき、音に驚いて反対側から出てきた虫を捕らえる。こ

上杉謙信と武田信玄による一騎打ちの像

の狩りの戦法を応用し、信玄は夜のうちに、謙信の布陣する妻女山《さいじょさん》の裏へ八千の別動隊を派遣。背後から別動隊が奇襲をかけ、上杉軍が追い落とされてきたところを、八幡原の平野部で待ち構える一万二千の主力軍とで挟み撃ちにする手はずだった。

ところが、謙信はその作戦を察知し、夜陰に乗じて山を降り、いつのまにか武田軍の目の前まで兵を進めていた。

こうして大乱戦となるなか、風のごとく馬を走らせ、信玄の本陣に突き進んできた武将があった。太刀で斬りかかられた信玄は、それを軍配で受け止め、駆けつけた旗本が槍でその武将を突いた。この槍を武将がはたこうとして馬の尻をたたいてしまったことから、馬が驚き、武将を乗せたまま走り去ったのだという。

◇白頭巾から類推した人違いだった⁉

この武将が白頭巾をかぶっていたことから、後になって謙信自らが乗り込んできたのではないかと思ったとしている。顔かたちを見て謙信と確認したのではなかったのだ。

となると、これは別人だったということになる。なにしろ謙信はこの時点ではまだ出家しておらず、後にトレードマークとなる白頭巾姿ではなかったからだ。

では、信玄を襲ったのは誰だったのか。

これについては、上杉家の記録『上杉家御年譜』が大きな手掛かりとなる。そこには、荒川伊豆守が信玄を発見し、三度太刀で斬りつけたと記されている。よくまとめられた史料であり、信憑性としてはこちらに軍配が上がる。

白頭巾だったばかりに謙信だと誤解され、脚色されて一騎打ち伝説にまで話がふくらんだが、単に人違いだったということになる。

四度目の川中島の戦いは“偶然出会った”のがきっかけ!?

“偽書”とまで非難された『甲陽軍鑑』

永禄四年（一五六一）に行なわれた四度目の川中島の戦いは、ロマン溢れる脚色が後世の人々の心を強く揺さぶってきた。両軍で死傷者八千人を出したという戦国時代でも最大級の激戦であり、語り継がれる名場面には事欠かなかったともいえよう。

実際のところは、川中島の戦いの全容は謎に包まれている。「史実ではない」とされるのは、信玄、謙信の一騎打ちだけではない。どのような合戦であったのか、その実態を物語る良質な史料がごくごく限られているのだ。

合戦を彩るエピソードの源となったのは、武田家の記録である『甲陽軍鑑』である。甲州流の軍学を伝えるために書かれた書であるが、編纂《へんさん》されたのは同時代ではなく江戸時代初期になってから。当初は高く評価されていたが、明治期になり急展開。明らかに事実と異なる部分が見つかったことから、間違いだらけの偽書、史実ではなく創作と痛烈に批判され、史料としての価値を失ってしまった。

その結果、『甲陽軍鑑』をもとにした通説が次々に否定されることとなったのだが、近年になり、再びその評価に変化が生じた。新たな史料が発見され、偽書と切り捨てるほどではないと再評価されている。

つまり、『甲陽軍鑑』には史実もあるが、脚色、架空の部分もあるということだ。

信玄がとった「不可解な策」

川中島の戦いというと、その激戦もさることながら、二人の名将が互いの手の内を読み合う駆け引きも、歴史ロマンをかきたてる要素のひとつ。しかし、信玄、謙信の一騎打ちに加え、そもそも信玄が「啄木鳥の兵法」をとったこと自体疑わしいとする見方がある。

両軍はすでに十日もにらみ合いを続けていた。夜中であれ信玄が大軍を移動させ、謙信の布陣していた妻女山の背後までまわらせたら、謙信に気づかれないわけがないという見方だ。

武田信玄の重臣によって建てられたとされる川中島古戦場の首塚

それを考えると、信玄が本当にそのような策をとったのかと疑いたくなるのも当然だろう。別動隊を移動させたとみられるルートは歩きやすい道ではなく、敵方に知られないよう迂回する分、距離も長い。移動には相当な時間と労力を要する。

加えて、謙信が妻女山に布陣していたこと自体にも疑問符がつく。越後への退路を想定すると立地が不利であり、周囲には武田方の城砦《じょうさい》もあって、ここに布陣するとは考えにくいということだ。

では、実際には決戦のとき、何が起こったのか。

注目されるのが、「不帰遭遇説」である。簡単にいうと、両軍は思いがけなく出くわしてしまったということになる。

武田軍も上杉軍も深い霧のなかを行軍していた。

合戦の日は今の暦では十月二十八日。夜が明ける頃には川中島は深い霧に閉ざされる。自軍の兵馬の足音や甲冑の音に、敵方の気配が少しずつ重なれば、目の前に現れるまで気づかなかったとしても不思議ではない。

多数の死傷者は〝偶然出会った〟から？

期せずして遭遇したとなれば、八千にも及ぶ死傷者の多さの説明にもなる。普通であれば、そこまでのダメージを負う前に撤退するのが常識だからだ。大混乱のなかで衝突し、乱れに乱れて戦うなかで、ここまでの犠牲が出てしまったと考えることができる。

とはいえ、確実にこれが史実と立証できるような良質な記録はない。川中島の激闘はまったくの謎に包まれた合戦だったのだ。

信玄はスパイ養成所をつくっていた!?

情報が大きな力をもつのは、現代ばかりでなく戦国時代も同様。それを熟知し、巧みに活用していたのが武田信玄だ。戦国最強とまで称えられる武将の並外れた強さは、優れた情報収集力に支えられていたともいえる。

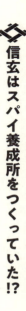

当時、諜報活動を担ったのは、忍びの者、すなわち忍者。男性に限らず、くノ一といわれる女忍者もいたことは時代劇などでおなじみの通りだ。女忍者のなかには、表向きは巫女《みこ》として津々浦々をまわりながら、密かにスパイ活動を行った「歩き巫女」といわれる存在もあったという。

巫女というと一般的には特定の神社で活動するものだが、「歩き巫女」は読んで字のごとく旅して歩いた。行く先々で求められれば人々のために神楽《かぐら》を舞い、祈禱《きとう》を行い、神託を伝えた白装束の娘たちである。

巫女には手形がなくとも関所を通過できる特権があり、自在に移動ができた。戦国時代には武将に招かれて戦の行方を占ったり、夜伽《よとぎ》の相手をさせられることもあった。移動の自由、有力武将にも近づきうることを考えると、歩き巫女が諜報活動にぴったりであることがわかる。信玄はそこに高い価値を見出し、養成所までつくったとする説がある。戦国時代のスパイ養成所とは何とも好奇心をかきたてられる話だ。

◇禰津の里で孤児たちを育成した千代女

養成所を運営し、歩き巫女の頭《かしら》を務めたとされる人物が、望月千代女《ちよじょ》。信玄の甥にあたる武田信雅《のぶまさ》を入婿に迎えた望月城主の娘である。

なぜ、そのような女性が忍びになるのかというと、夫・信雅が永禄四年（一五六一）に第四回川中島の戦いで戦死したことがきっかけと伝えられる。信玄は夫を亡くした甥の妻に、歩き巫女を束ねるよう命じたというのだ。

千代女は信濃の禰津《ねづ》の里に養成所を開き、戦乱で寄る辺ない身となった少女たちを集め、巫女としても忍びとしても一人前になるよう仕込んだ。

彼女たちは各地を巫女として旅してまわりながら諜報活動に励み、機密情報を仕入れてはボスの千代女に届けた。ときには敵方の武将の懐《ふところ》に入り込むこともあっただろう。命がけで仕入れた情報は千代女から信玄へ伝えられたという。

◆主を失った歩き巫女のその後

だが、信玄は天正元年（一五七三）、徳川家康を破りながら陣中で病死。天正十年（一五八二）には武田家が滅ぶ。主を失った歩き巫女はどうなったのだろうか。

実は、養成所が設置された禰津の里は、やはり諜報活動に長じた真田家の領地までさほど距離がない。武田家滅亡後、特殊技能を身に付けた白装束の娘たちは真田家へ移った可能性も高いとみられている。

ただし、忍びは陰の存在ゆえ、確かな史料といえるものはない。そもそも千代女の夫・信雅が落命したのは、天正三年（一五七五）の長篠の戦いだったともいわれる。そうなると信玄没後の出来事となるから、独り身になった千代女に特別な任務を与えたという話も辻褄が合わなくなる。それでも千代女が忍びであったことは記録にあり、諸説あるものの、武田家の情報戦に深くかかわっていたことは確かだろう。

責任を取る形で川中島に散った話は創作!?

近年では、山本勘助の名は「武田信玄の軍師」として知られ、戦国時代の軍師のなかでも知名度がきわめて高い。信玄の傍らに仕えて、数々のみごとな作戦を立てた武田軍の頭脳というイメージをもつ人が多いだろう。

勘助にはさまざまなエピソードも伝わる。駿河の今川義元への仕官を望んだものの、見てくれの悪さゆえに追い払われた。そんななかで信玄の家臣の推挙を受け、信玄にその才を見出され、仕えるようになったなどというものだ。

そして、勘助が壮絶な最期を遂げたのが、四度目の川中島の戦い。妻女山に布陣した上杉謙信に対し、自らが考えた「啄木鳥の兵法」をとるよう進言したが、これが裏目に出てしまった。上杉軍に先手を取られ、攻め込まれた武田軍は信玄を支えてきた実弟・信繁が戦死するなど、大混乱に陥った。勘助は自分が武田軍を窮地に追い込んだと恥じ、死を決意したかのように乱戦に飛び込んで討ち死にしたという……。

それなりに詳細な経歴が伝わる山本勘助であるが、実は、長らく架空の人物扱いされていた。なぜ、そのようなことになったのかというと、『甲陽軍鑑』にしか登場していなかったから。すでに述べたように、『甲陽軍鑑』には明らかな事実誤認が多く、史実としてははなはだあてにならないと評価されていた。創作であり、偽書と見なされるなかで、勘助は空想の産物と決めつけられたのだ。甲州軍学の祖として祀る超人像を描こうとして、生み出された存在と説明されていた。

書状に記された〝管助〟の名前

「そんなことはない。山本勘助は実在する」との説が浮上したのは、昭和になってから。新たに見つかった武田信玄が出した書状（市川家文書）に「山本管助」の名が発見され、「詳しいことは山本管助に聞くように」と末尾に書き添えられていたのである。

「勘」と「管」の字の違いはあるが、当時は人名に当て字が使われることが多く、形勢は逆転。以来、実在説が主流となった。『甲陽軍鑑』自体についても、すべてが創作ではなく、史実と虚構がないまぜになっており、実際に起きた出来事の史料となる部分もあると見なされるようになった。

◆本当に「軍師」であったかは疑わしい

ただし、勘助に関する史料は限られるため、現在まで謎が多く残っている。三河の生まれというが、駿河出身とする説もある。生まれた年についても複数の説がある。

軍師として果たした役割も、現代人の抱くイメージとは少々異なるかもしれない。『甲陽軍鑑』によると勘助は「軍配型軍師」であり、出陣の日や敵陣に攻め込むタイミングなどを占い、戦略を進言していたと見られる。加えて、勘助は築城術について豊富な知識をもち、技術者として優れていたともいう。

一方では、書状にある「山本管助」は信玄の口上を伝える役目であったことから、実在した管助は戦略を進言する軍師のような人間ではなかったと見る向きもある。武田家の伝令であり、自らが戦略を練って信玄に進言できるような身分ではなかったというのである。実像に迫るには、さらなる史料の発見を待たなければならない。

武田義信はなぜ父・信玄に自害させられたのか？

跡継ぎが立てた暗殺計画を未然に封じた信玄

クーデターを起こして父信虎を追い出し、国主となった武田信玄は、やがて自らの嫡男義信を自害させることになる。

本来なら大事にすべき跡取り息子を自ら死へ追いやったとは、信玄にはいったいどんな事情があったのだろう。

簡単にいうと、先に相手を葬り去ろうとしたのは息子のほうだった。義信が信玄の暗殺計画を立てていたのである。永禄七年（一五六四）、合戦で混沌とするなか陣中で討てばよいと家臣・飯富《おぶ》虎昌《とらまさ》らと密かに取り決めていた。

だが、この計画はほどなく信玄の知るところとなる。そのときの胸中はいかばかりだったろう。

いずれにせよ信玄は実行の機会を与えないまま、年が明けると飯富虎昌はじめ、義信についた八十余名の家臣を成敗した。義信当人については甲府の東光寺に幽閉し、自害させたのは永禄十年（一五六七）になってからのこと。享年三十。数々の合戦で戦功を挙げた立派な武将であった。後継者として申し分なかったであろうに、刃《やいば》を向けられてはさすがに捨て置くこともできない。

では、義信が父信玄を暗殺しようと決意するに至ったのは、どのような経緯があってのことだったのか。非凡な父をもった子は苦労するというが、義信を苦しめたのは何だったのだろう。

今川の衰退からすべてが始まった

暗殺計画に至る道程を理解するには、天文二十三年（一五五四）に締結された甲相《こうそう》駿《すん》三国同盟から続く情勢を考える必要がある。

甲斐の武田信玄、相模の北条氏康、駿河の今川義元が、互いの子を添わせ、婚姻関係によって結束したものである。このとき義信のもとに嫁いだのが、今川義元の娘だった。

◈武田義信周辺系図

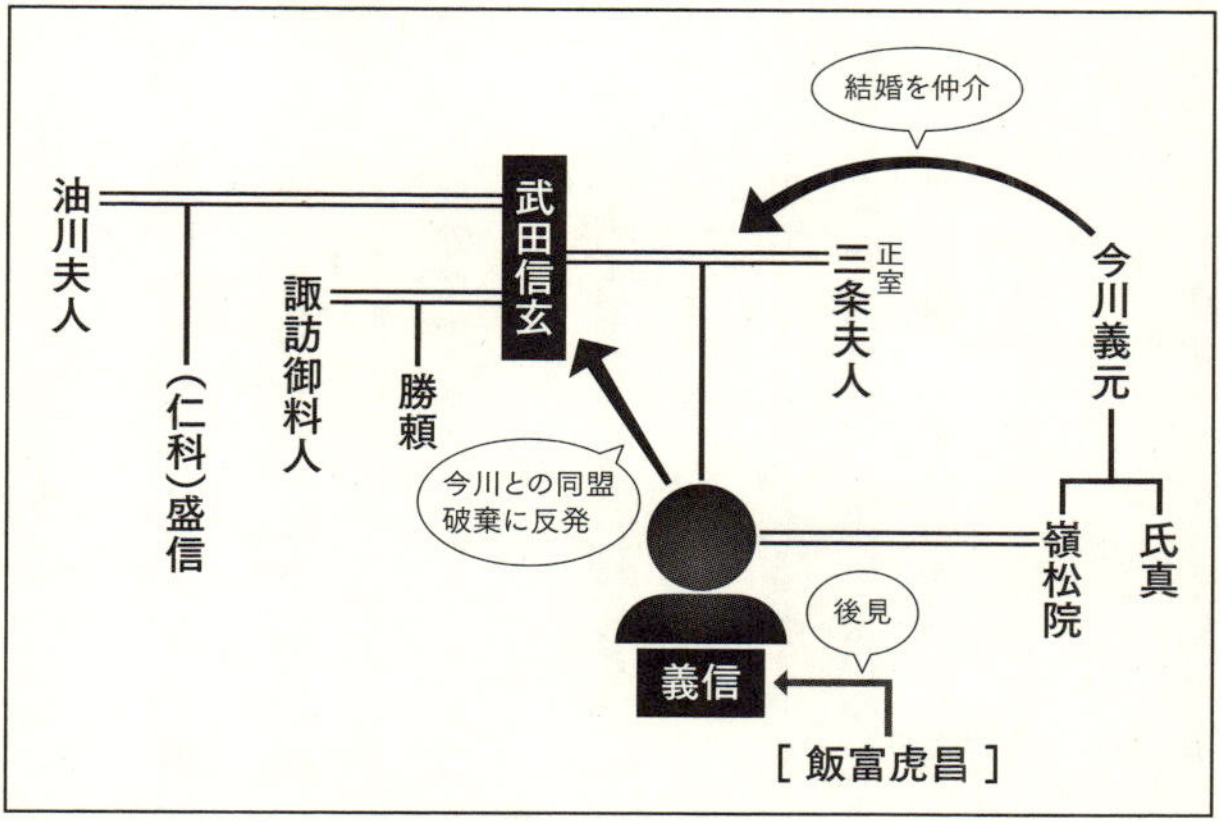

だが、それも長くは続かない。永禄三年（一五六〇）、今川義元が桶狭間《おけはざま》の戦いで織田信長に敗れ、命を落としたからだ。跡継ぎの今川氏真《うじざね》は、父の野望を継ぎ、自ら果たそうとする気骨もなく、今川家は以降、衰退していく。

この氏真の母は義元に嫁いだ信玄の姉。信玄にとって氏真は甥にあたるが、信玄は彼の器量をかねてから侮っていた。そして、氏真が国主となった今がチャンスと三国同盟を破棄し、駿河に攻め入ることを決めたのである。

駿河侵略は難しい決断であり、武田家の内部でも反対の声は上がった。その中心となったのが、氏真の妹を妻とし、今川家と親密な関係にある義信だったのだ。

駿河侵略への反発から父暗殺計画へ

家中《かちゅう》が賛成、反対の両派に割れる騒動へと発展し、そのなかで浮上したのが信玄の暗殺計画だった。信玄を亡き者にして義信派が武田家を掌握し、駿河侵攻を取りやめるはずだったのだ。

義信の父信玄に対する反発は、信玄が義信の弟勝頼の妻として信長の養女を迎えようとしたことで強まったといわれる。

義信にとっては義父・今川義元の仇と手を結ぶ縁組である。

父信玄に敗れて義信が自害させられた後、義信の妻は駿府《すんぷ》に戻され、武田・今川の姻戚関係は消滅。信玄は織田・徳川両氏との同盟にシフトすると、徳川家康と共謀して今川領へ侵攻。その領土を分割し、今川家を滅亡へと追い込んだ。

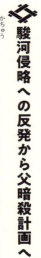

「信長のライバル」の都合よすぎる死につきまとう暗殺疑惑

決戦を前にして急死してしまった謙信

越後守護代の長尾為景《ためかげ》の子として生まれ、兄晴景《はるかげ》を退けて家督を継いだ上杉謙信。越後国を統一し、周囲の有力大名と抗争を繰り広げて、次々と勢力圏を拡大した。関東においては関東管領の上杉憲政《のりまさ》から上杉家の家督と関東管領を継承し、関東制覇を目論む北条氏と激しく対立している。

そして、信濃の覇権をめぐって合戦を重ねた相手が、甲斐の武田信玄である。信玄に攻め込まれて領地を追われた北信濃の豪族らが謙信を頼り、五度にわたる川中島の戦いで苛烈な攻防を続けたことはすでに述べた通りだ。

それでもはっきりとした決着はつかず、謙信は宿命のライバル信玄に対抗するため、信長と同盟を結んだのだが、乱世ではそれも長くは続かない。同盟は破棄され、三者のうちで最後に笑ったのは信玄でも謙信でもなく、信長であった。

なぜなら、謙信は決戦を目の前に控え、ここぞという段になって急死を遂げてしまったからである。この突然死は、信長にとってあまりに好都合であるだけに、暗殺疑惑がいまだにつきまとっている。はたして謙信は信長の手の者に殺されたのだろうか。

◇信長にとって「脅威」だった謙信だが……

謙信、信玄、信長のうち、真っ先に不帰の人となったのは信玄である。元亀《げんき》四年（一五七三）のことで、さすがの信玄も病には勝てなかった。武田氏の脅威が弱まったところで、謙信は越中の大半を掌中におさめるに至る。

信長との同盟に亀裂が入ったのは、信長が飛ぶ鳥を落とす勢いで進軍を続け、越前にまで迫ってきたためだ。信長軍が加賀にまで侵攻すると両者の同盟関係は完全に破綻。謙信は信長との対決姿勢をあらわにし、天正四年（一五七六）には本願寺と組んで反信長勢力の中核をなすこととなった。

謙信は最大のライバルとなった信長をにらみ、能登《のと》にまで兵を進め、七尾城を包囲した。七尾城は難攻不落で名高い城だったが、上杉軍も粘りに粘り一年がかりで攻略。

次には信長の進軍する加賀へと兵を向け、手取川で織田軍を打ち破ると加賀の北半分を勢力下におさめることに成功した。

ここまでくると謙信が見据えるのは、信長との決戦、そして上洛である。足がかりとして関東に出陣すべく大動員令を発令しすべての兵に招集をかけた。

信長にとっては大変な脅威、危機であることはいうまでもない。勢いづいた上杉軍との決戦になれば、手取川に続いて敗北を喫するおそれがある。

脳卒中か、暗殺か

ところが、そんな信長の不安はほどなく霧消した。謙信が厠《かわや》で倒れ、急死。天正六年（一五七八）三月のことである。四十九歳だった謙信は酒豪として知られたことから、その死因としてはおそらく血圧が高くて厠で脳卒中を起こし、昏倒したのだろうとする見方が一般的だ。

これに対して暗殺説は、厠で無防備になったところを襲われたものとする。用を足そうとかがんだところで、潜んでいた刺客が肛門を刺したというのだ。もしもこれが信長の差し向けた刺客であったとしたら、お見事というしかないだろう。

人さらい戦争だった!? 上杉謙信の関東遠征

義の人・謙信が兵たちに略奪を許していた!?

上杉謙信は義を重んじる武将として知られ、いまでも崇敬するファンが多い。人として守るべき道を守り、筋を通す人物であるというイメージが強いだろう。

兄晴景に代わり家督を継いで春日山城主となったときも、兄を追い出しさえしなかった。晴景の愚かさを見限った豪族らに謙信が担がれた形だったが、反撃されないように切腹させることも追放することもなかった。あくまで謙信は兄の養子となり、その跡を継ぐという道を選んだのである。

また、武田信玄との戦いに踏み切ったのも、信玄に領土を奪われた北信濃の豪族の要請を受けてのものだし、北条氏との争いも関東管領・上杉憲政の復権を大義名分としている。まさに〝義〟を重んじる武将である。

冬から春にかけて集中する上杉謙信の関東遠征

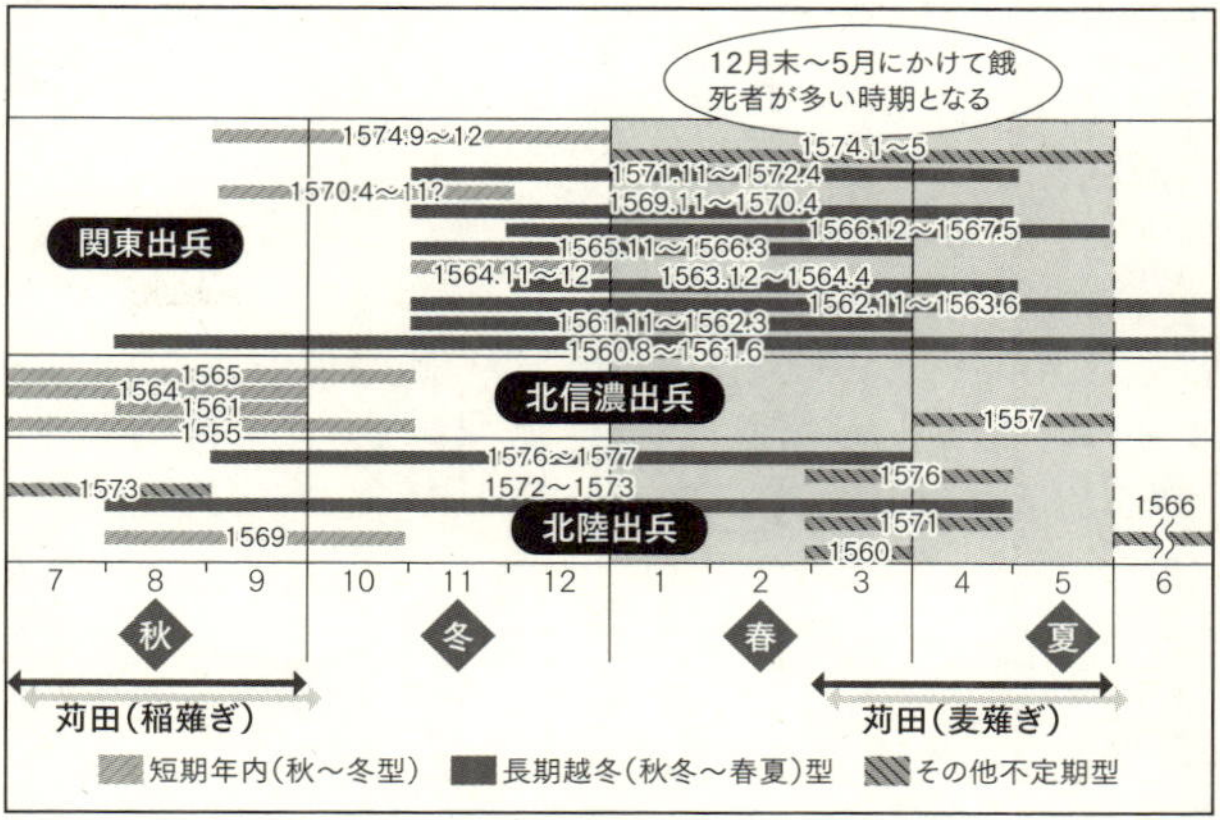

そうした義の人・謙信のイメージをくつがえすのが、関東遠征で行なわれた略奪である。関東遠征において、謙信が何度も三国峠を超えて関東出兵を繰り返した理由として、飢えた兵たちに略奪をさせるためだったとする見方があるのだ。

「農民の出稼ぎ」だった？

あの謙信がまさかと思う人もいるだろうが、当時の日本では作物の穫れない端境期《はざかいき》に多くの人が飢えに苦しみ、命を落としていた。そのうえ、越後は冬、深い雪に閉ざされる地方である。畑で作物が採れる夏になるまで、村々は毎年、深刻な食糧危機に陥っていたのだ。

一方では、謙信が農兵を積極的に招集したため、上杉軍の兵に農民が多かったことも事実だ。槍持、鉄砲持、大小旗持などを務めた農兵の割合は、武士との比率で三対一にも上ったとする史料もある。

しかも、農兵というのは土豪、地侍など村のリーダーであり、彼らが村の人々を率いて参戦していたのである。

そして、謙信が関東に出兵した時期は、八度までが秋か冬。上杉軍は山を越えて関東で越冬し、その後故郷に戻った。

関東出兵がほとんど領土拡大に結びついていないことを考えても、その目的は農民の出稼ぎ、食糧難対策ではないかとみられるのである。

いうまでもなく、そのような策をとったのは謙信に限ったことではない。戦場では略奪の限りが尽くされていた。田畑の作物を奪い取ることは刈田といわれ、放火も広く行われた。

ここまでは戦術としても考えられるが、さらに兵たちは、あらゆるモノ、牛馬に加え、そこで暮らす人までも奪い取る〝乱取り〟をしていた。

捕らわれの身となった人々はどうなったか。奴隷とされ、人身売買が行われていた。

永禄九年（一五六六）、常陸国《ひたちのくに》小田城を攻略した後、謙信の命により人身売買の市場が立ったとする記録もある。こうした市で兵たちは捕らえた人たちを売り飛ばし、金に換えていたのである。

◆北国ならではの戦いの理由

農民は兵として駆り出されても、武士とは異なり領地という恩賞は得られない。その代わりとして略奪が許され、人身売買も行われたとみられている。戦に赴けばもちろん命を落とす危険があるが、越後の村にとどまったところで飢えに苦しみ、餓死のおそれがある。村を離れれば口減らしになり、村に残る家族を助ける食糧難対策ともなるわけだ。

領地を治める国主の観点から見ると、謙信が領民のために越後より豊かな関東へと兵を率いていき、略奪により越冬させたとしてもあながち不思議ではない。

コラム

戦国武器事情

その一　鉄砲伝来

戦国時代の大きな出来事として記されるのが、天文十二年（一五四三）の鉄砲伝来である。当時の人々は火薬を使った火器の威力に驚嘆し、有力武将は喉から手が出るほど入手したがった。

日本への鉄砲の伝来については、ある新説が浮上している。それは伝来の年。天文十二年（一五四三）ではなく、その前年に起こった出来事ではないかとする説というのだ。

日本史における重要な出来事として、学校で「一五四三年」と覚えさせられた身としては首をひねりたくなるだろうが、異論が出ているのだから仕方ない。

そもそも一五四三年とする根拠は、種子島領主の依頼を受けて鹿児島の僧・南浦《なんぽ》文之《ぶんし》が著した『鉄炮《てっぽう》記』にある。ただし、これは江戸時代に入ってから書かれたもので、年号などが確実だとは言い切れない。

一方、一年早かったと記されている書物が見つかっている。これは、インドネシア東部にある〝香料諸島〟と呼ばれたモルッカ諸島で、ポルトガルの商館長をしていたアントニオ・ガルヴァンによる『諸国新旧発見記』である。その中に、一五四二年にジャポンエスという島に、ジャンク船と呼ばれる中国の木造帆船が漂着した話を聞いたという記述がある。この船はシャムと呼ばれたタイから中国に向けて航行していた。

単なる噂話の域を超える説得力があるのは、船に乗っていた三名のポルトガル人についてアントニオ・ダ・モッタ、フランシスコ・ゼイモト、アントニオ・ベイショットときちんと名

鉄砲は1543年より前に伝わっていた

前まで記しているからだ。彼らは種子島に流れ着いた三名のポルトガル人だと考えられる。彼らが一五四三年ではなく、一五四二年に島へと鉄砲をもたらしたのだろうか。

もちろん、戦で実際に使われるようになるには、ある程度の数が必要であるし、鉄砲の扱い方、火薬の調合法などを習得しなければならない。伝来した当初は、もっぱら狩猟や、大名らへの贈答品として活用されていた。

第2章

〈織田信長時代〉常識がくつがえる「意外な真実」

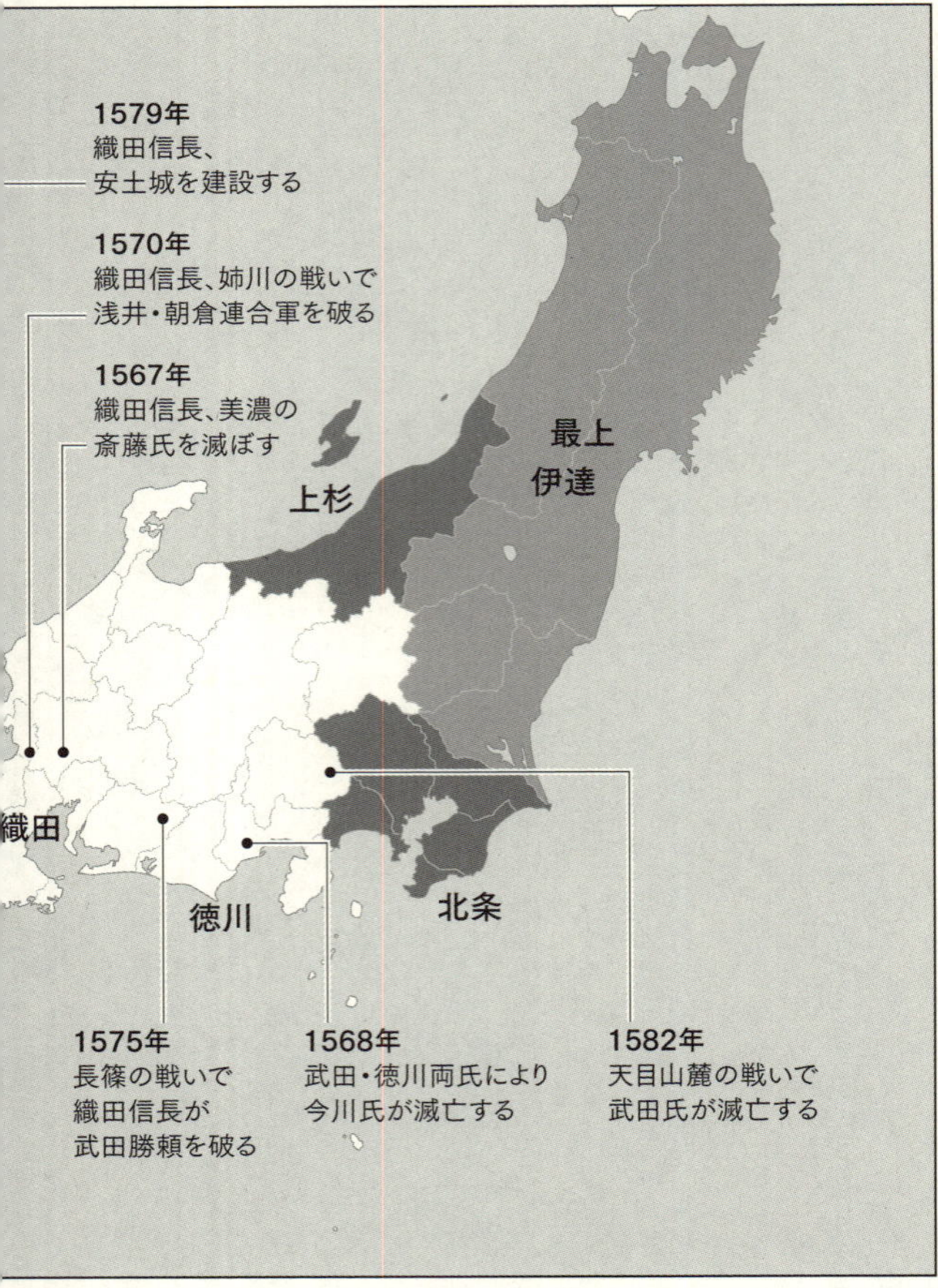
1579年
織田信長、
安土城を建設する
1570年
織田信長、姉川の戦いで
浅井・朝倉連合軍を破る
1567年
織田信長、美濃の
斎藤氏を滅ぼす
上杉
最上
伊達
織田
徳川
北条
1575年
長篠の戦いで
織田信長が
武田勝頼を破る
1568年
武田・徳川両氏により
今川氏が滅亡する
1582年
天目山麓の戦いで
武田氏が滅亡する

◈織田信長時代の勢力図

永禄3年(1560)、駿河、三河、遠江を治めた東海一の戦国大名・今川義元を桶狭間の戦いで破った織田信長は、永禄10年(1567)に稲葉山城を陥落させて隣国・美濃を奪取。その翌年には将軍足利義昭を奉じて上洛を果たした。以後信長は畿内の反対勢力を次々に制圧しながら天下統一まであと一歩と迫ったが、天正10年(1582)6月、明智光秀の謀反に遭い、京都の本能寺に倒れた

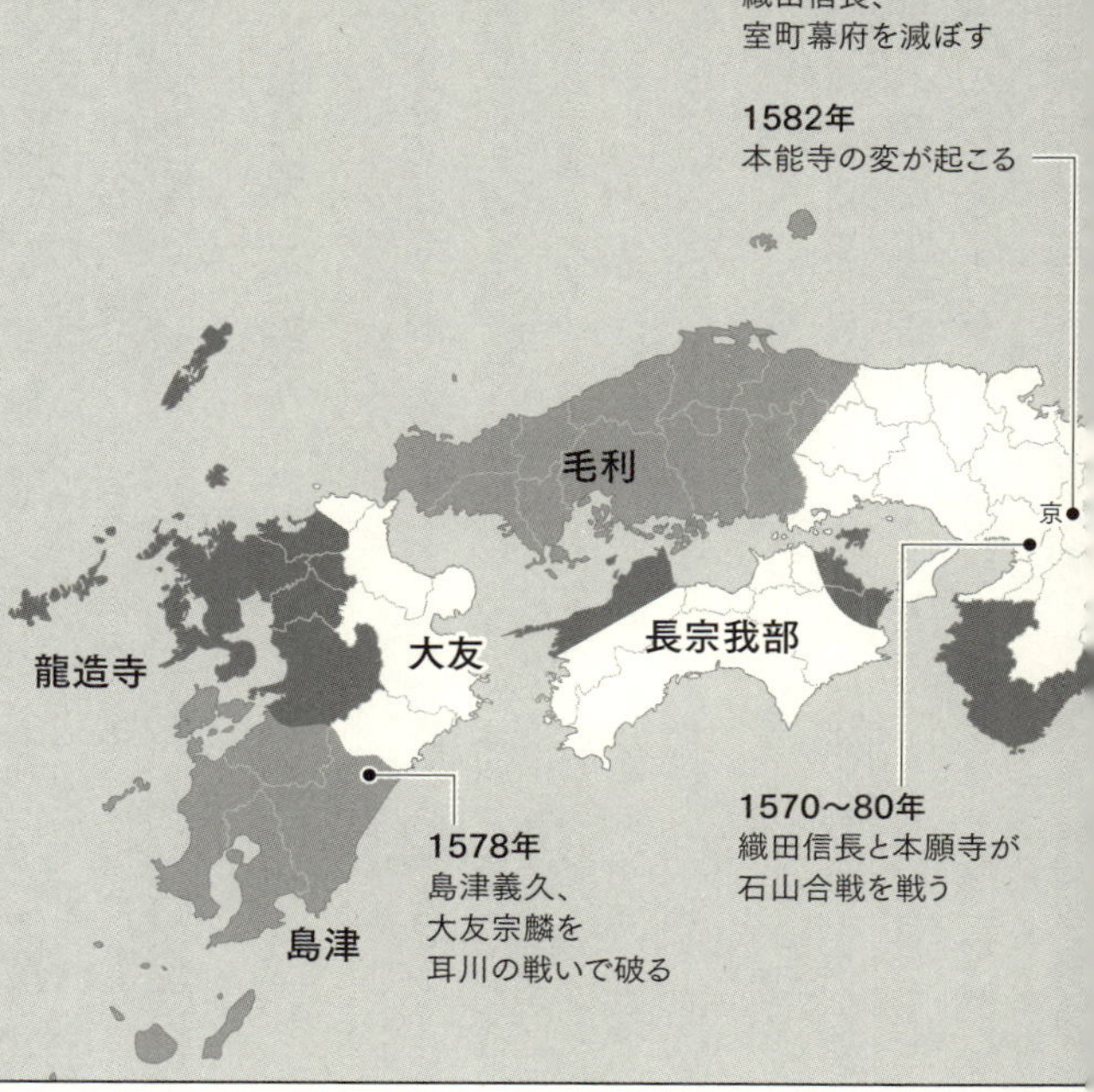
1573年
織田信長、
室町幕府を滅ぼす
1582年
本能寺の変が起こる
京
毛利
龍造寺
大友
長宗我部
島津
1578年
島津義久、
大友宗麟を
耳川の戦いで破る
1570〜80年
織田信長と本願寺が
石山合戦を戦う

恩人を悪役へと仕立てた徳川家康の「罪悪感」

竹千代を人質交換で取り戻した義元

群雄割拠の世を勝ち抜き、最終的に天下統一を果たした徳川家康。人々を苦しめた戦乱の時代を終わらせ、以降三百年近く続く江戸時代へと導いた人物である。いまに残る肖像画や〝狸親父〟と呼ばれることなどから、どんと図太く鎮座するイメージが強いだろうが、さすがに幼い頃からそうだったわけではない。その前半生は、策謀渦巻く時代に寄る辺なく翻弄されたものだった。

家康の幼名は竹千代。三河岡崎城主の松平広忠《ひろただ》の長男として生まれたが、六歳のときに人質暮らしが始まる。駿河の今川義元のところに人質として送られることになるが、その道中で織田家に拉致されて尾張《おわり》に送られてしまった。

義元のもとへ行ったのは、八歳のとき。今川家が織田信長の異父兄・織田信広の三河安祥城《あんじょうじょう》を攻め落とした際、捕虜交換協定が結ばれ、今川家が捕らえた信広と織田家に留め置かれていた竹千代が交換されたのだ。

竹千代の父・広忠はその半年前に他界しており、以降、三河岡崎は今川家の支配下に置かれることとなった。当時の竹千代の境遇について、江戸時代初期に書かれた『三河物語』には「今川殿からは扶持《ふち》をあてがわれるだけで、三河からの収入はすべて横領されていた」とある。

『三河物語』の筆者は、岡崎衆と呼ばれた松平家臣団のひとり大久保彦左衛門《ひこざえもん》。岡崎の家臣団には扶持がなく、武士とは名ばかりの惨憺《さんたん》たる暮らしを強いられ、今川方に虐げられて死んだ者も多かったなどと苦境が綴られている。

だが、実際のところ、今川義元は竹千代をかわいがっていたらしい。なぜ、手痛い仕打ちを受けたように描かれているのだろうか。

今川家を滅亡させたことを正当化するためか!?

義元が竹千代の成長をあたたかく支援していたことは、十四歳で元服した際、義元の「元」の一字をもらい、松平元信《もとのぶ》と名乗ったことからもうかがわれる。今川家に取り込まれたという見方もできなくないが、名門今川家という有力な戦国大名に目をかけられれば身の安泰、お家の未来も悲観されるばかりではない。

今川家の軍師である太原雪斎より教育を受けたという説もあるほか、なにより今川義元の姪である築山殿を娶り、一族級の扱いを受けているのだ。冷遇どころかかなり大切に扱われていたことになる。

にもかかわらず、『三河物語』はなぜ今川家を悪しざまに書いているのだろうか。実は、江戸時代に編纂された徳川幕府の創始を著したほかの多くの書物でも、今川義元は悪役として描かれている。

家康は桶狭間の戦いで義元が敗死すると、これ幸いと岡崎城に戻り、城主となっている。そして、やがては武田氏と申し合わせて今川家を滅亡へと追いやることとなる。義元を悪者に仕立て上げることで、かわいがってくれた義元への罪悪感、今川家への後ろめたさを打ち消し、恩を仇で返す行為を正当化しようとしたとみられる。

天下統一なんてしたくない!?
今川義元の「意外と小さな野望」

義元に「上洛」の意図はなかった?

永禄三年(一五六〇)五月、今川義元が尾張国に侵攻し、織田信長と桶狭間で衝突した桶狭間の戦い。駿河、遠江《とおとうみ》、三河までを掌中にした有力大名の義元が大軍を率いて進軍し、まだ小大名にすぎなかった清洲城主の信長がこれを迎え撃った。

名将とうたわれた義元の勝利は確実とみられたが、義元はこの桶狭間で討ち取られ、覇権争いの構図が劇的に大きく変わる。

信長はこの勝利によって勢力を急拡大したことから、桶狭間の戦いは天下統一への第一歩となったといわれている。

では、そもそもなぜ桶狭間で戦いが起こったのだろう。義元はどのような戦略のもとに兵を進めたのだろうか。

これまでは、義元の目的は上洛にあったとする説が、長く通説とされてきた。江戸初期に編まれた伝記『信長記《しんちょうき》』を根拠として、京を目指す進軍の途上、尾張に侵攻したというのが定説とされていた。信長を討って自分が天下を統一しようと野望を抱いたというのである。

だが、信長の家臣・太田牛一《ぎゅういち》が記した『信長公記』では、上洛には触れられていない。史料として信憑性の高い『信長公記』には上洛の記述がなく、それを脚色して書かれたといわれる『信長記』に触れられるとなると、疑わしく思えるのは当然。義元の軍事行動と上洛の意図を結びつけられる質の高い史料は存在しないのだ。では、義元の目的は何だったのだろう。

◇尾張と信長の首が欲しかったのか?

現在、有力視されている説は大きく分けて三つある。

第一は、三河の安全を確かなものとするための軍事行動だったとする説。駿河から三河まで勢力下に置いた義元が、三河に隣接する尾張から攻め入られることのないよう、牽制する目的で出陣したとするものだ。

第二は、今川氏の支配が伸びていた尾張の東部をめぐる攻防とする説。織田方の城であった鳴海城《なるみじょう》、大高城《おおだかじょう》などが今川方となったため、信長はこれらを奪還しようといくつもの砦を築き、武将を配置し、今川方の手が届かないよう封じ込めを図った。その動きに対し、義元は鳴海城、大高城を支援すべく出陣したということだ。

そして第三が、尾張を制圧し支配しようとしたとする説。今川氏の勢力はすでに尾張のかなりの範囲を取り込んでおり、打倒信長を見据えて義元自らが大軍を率いて侵攻していったのだとみる説である。

◇「上洛説」はかなり疑わしい

いずれにせよ、「上洛」「天下」といったキーワードは見えてこず、義元の治める領土の確保、そして拡大が目的であり、それ以上ではない。

また、義元が京都とやり取りしたことを示す記録が見つからず、上洛話は当時の人々のうわさにもなっていないこともあり、近年では上洛を目的とする説は否定される傾向が強まっている。

織田信長は正面攻撃で桶狭間の戦いに勝利していた!?

奇襲説には根拠がなかった！

尾張東部に侵攻し、織田信長を窮地に陥れた今川義元であったが、いざふたを開けてみれば、桶狭間の戦いにて義元は本陣を攻撃されて首を取られ、圧倒的に劣勢だったはずの織田軍に勝利を奪われてしまう。

この予想外の勝利について、従来は迂回・奇襲によると説明されてきた。信長が山中を大きく迂回して密かに兵を進め、油断して谷底で休憩中の義元の本陣を急襲したとする説だ。何といっても織田軍二千に対し、今川軍は四万から五万にも上ったとされ、そうでもしなければ勝てないと考えられていた。

ところが、近年になり、この定説はくつがえされつつある。驚くべきことに、そもそも迂回・奇襲説を裏付ける史料は存在しないのだ。油断しきった義元が桶狭間の谷

今川義元の最期を描いた『尾州桶狭間合戦』（歌川豊宣画）

底で酒宴を開いていたとする話もあるが、これも根拠がない。

もとをたどると、迂回・急襲説は江戸初期の『信長記』にたどりつく。脚色、創作した話が広まり、江戸中・後期の軍記物でさらに誇張され、明治以降の作家、研究者たちの憶測も加わって定着したらしい。

では、桶狭間の戦いは実際にはどのような様相だったのか。近年、『信長公記』を検証した藤本正行氏が発表したのが、信長は正面攻撃によって勝利をおさめたとする説。時系列をたどってみよう。

桶狭間の奇襲、その「真相」

永禄三年（一五六〇）五月十二日、今川義元は駿府を出陣し、同月十八日、沓掛城《くつかけじょう》に到着した。

沓掛城のほか、鳴海城、大高城も今川方についており、これに対して信長はそれぞれの城の近くに砦を築いていた。

万端の準備をしていた義元軍

義元は十八日の夜、大高城に兵糧を送ると、翌十九日未明から信長の築いた鷲津《わしづ》・丸根の両砦に攻撃を開始。信長はその知らせを聞いて「敦盛《あつもり》」の舞いを舞い、法螺貝《ほらがい》の音とともに力をみなぎらせて出陣したといわれる。熱田で鷲津・丸根砦の陥落を察知しつつ、丹下砦《たんげとりで》を経て、織田方の最大の拠点・善照寺砦に急ぎ集結した。

善照寺砦は地理的に今川方から見える位置にあり、信長に行軍を隠す意図があったとは考えにくい。迂回のため山中に入るなら集結場所も視線の届かない場所を選ぶはずだ。煙《けむ》に巻こうと大きく迂回すれば時間がかかり、義元が移動する可能性もある。

義元が陣を張ったのも、従来いわれていたように深い谷底ではなく、桶狭間山、つまり山だった。今川軍は大高城へ向かう途中で、先鋒隊が鷲津・丸根砦の攻略に成功したと聞き、昼頃に桶狭間山に布陣。織田方の中島砦、善照寺砦がある北西に向かって戦闘態勢をとっていた。

「暴風雨」が歴史を大きく動かした

信長が善照寺砦に到着したときには、小隊が今川の前衛部隊に急襲をかけ、撃破していった。これを見た信長は本隊を中島砦へ進め、さらに砦を出て義元のいる桶狭間山まで直線的な最短コースを突き進んでいく。今川方から動きが丸見えになると家老に止められても聞き入れず、二千にも満たない兵を進めた。

そのとき、にわかに天気が急変し、暴風雨が吹き荒れたという。今川勢にはすさまじい風雨が襲いかかり、織田勢は背中を力強く押される形となった。織田軍の勢いの前に今川の前軍は崩れ、その混乱は後方にも伝わった。

織田軍はそのまま正面から義元のいる本陣まで攻め入り、退却を始めた義元を討ち取ったのである。大将を討ち取られた今川勢は大混乱に陥り、敗走していった。

信長が陣頭指揮をとった織田軍は精鋭部隊で機動性も高かった。これに対し、今川の兵力も近年では二万から二万五千程度で、兵糧の運搬役などを除いた戦闘要員は三千から四千程度だったと推定され、正面突破説の信憑性を高めている。

妻子を手にかけてまで徳川家を守った「悲劇的な決断」

妻子の命より信長との関係を重視

桶狭間の戦いを機に運命が大きく開けた武将のひとりに徳川家康がいる。彼は戦後の混乱に乗じて今川軍から離脱して故郷・岡崎城へ戻ると、今川家より独立。さらに織田信長との間に清須同盟を結んだのである。以後、家康は信長の盟友として東の守りを担う一方、武田信玄とともに今川領を制圧して遠江を得たものの、やがて信玄とも仲違いするようになった。ここに織田・徳川対武田の構図ができあがる。

そうしたなかで起きたのが、家康にとって悲劇的、そして不可解な事件である。

天正七年（一五七九）、徳川家康は跡継ぎであるはずの長子・信康と、自らの正室である築山殿の命を奪った。理由は、ふたりが武田家に通じていることが信長に伝わり、憤った信長から処刑するように命じられたから。家康は徳川家のために、妻子の命よりも信長との同盟を重んじ、これを決行したのである。

では、本当に信康と築山殿は、武田家と内通していたのだろうか。どうもそうとは考えにくい。

そもそも信長にそのような話を暴露したのは、信康の正室となった信長の娘・徳姫。夫・信康と姑・築山殿の行状を訴える十二か条の書状を父に送ったとされる。

東京都新宿区の西念寺にある岡崎信康供養搭

十二か条には、築山殿が唐人を通じて武田勝頼と内通しているとか、築山殿が信康の側室に武田の家人の美しい娘をあてがい、信康はそのとりこになったなどと挙げられていたのだ。

しかも、その書状を託されたのは、用向きがあって安土城に向かう徳川家の重鎮・酒井忠次《ただつぐ》だった。書状を読んだ信長にこれは本当なのかと問われると、忠次はすべてその通りだと答えたという。

徳川家のために否定すればよいものを、なぜ肯定して若殿を危機に陥れたのだろうか。

夫の秘密を父に密告するとは、徳姫は相当夫を憎んでいたのかと思いきや、仲睦まじい夫婦であったらしい。ふたりは数え年九歳にして織田と徳川の同盟を補強するために政略結婚をさせられていた。ともに育ったようなものだ。

信康にしても、元服した後のこの名は信長と家康から一字ずつもらったもの。両家の密接なつながりの象徴といえよう。しかも戦で目覚ましい活躍を見せ、父・家康から期待されていた。

とはいえ、徳姫が築山殿に悪感情をもったとしても不思議はない。築山殿は息子夫婦の仲の良さに嫉妬していたといわれ、男児ができないからと信康に側室をあてがった。徳姫とすれば、夫が側室のところへ行くのも面白くなかっただろう。

だからといって、その不満を十二か条にまとめるだろうか。父への手紙なら多少愚痴をこぼす程度ではなかろうか。

◇信長に利用されていたのか？

こうしたことから、信長に利用されたのではないかとみる説がある。

歴史学者の小和田哲男氏は夫と姑への不満を吐露した手紙を信長が十二か条の公的な書状にすり替えたのではないかと指摘する。そして家康の忠誠心を試すために信康の切腹を命じたとしている。

また、酒井忠次が信康に不利になる証言をした理由については、家臣団の勢力争いがあったとも見られている。信康と築山殿と近いライバル石川数正を陥れるため、忠次が徳姫の手紙に手を加えたとする見方だ。実際に数正は事件の後に家康から遠ざけられ、後年、豊臣秀吉の誘いを受けて徳川家より出奔することとなる。

いずれにせよ家康は信長の命令に逆らえず、築山殿を暗殺してその口を封じてから信康に切腹をさせた。

こうして家康の信長に対する服従が示されたのである。

浅井長政はなぜ義兄・信長を裏切ったのか？

妹婿・長政の離反により窮地に立たされた信長

天下統一の野望に燃える織田信長は、永禄十一年（一五六八）九月、十三代将軍足利義輝の弟・義昭を奉じ、上洛の兵を挙げた。当初義昭が頼りにしていた越前の朝倉義景《よしかげ》は幕府再興の願いを聞き入れてくれることはなかった。しかし、美濃平定を終え、上洛を宿願としていた信長は、上洛の大義名分として義昭を迎え入れたのである。

信長は上洛の道筋に勢力を張る面々を屈服させ、縁戚関係を結んで身内に引き入れた。伊勢の神戸《かんべ》氏、長野氏、北畠氏らには信長の息子や弟を家督継承者として養子に入れるなかで、信長が重要な盟友として選んだのが北近江の浅井長政である。信長が妹のお市を嫁がせている点からも重要なパートナーと位置付けていたことがわかる。

こうして足場を固め、畿内周辺を制圧しようと次に向かった先が越前だったが、そこで思わぬ裏切りにあうこととなる。元亀元年（一五七〇）四月、朝倉義景討伐のため北上し、朝倉氏の本営・一乗谷《いちじようだに》へと迫ったとき、浅井長政が突然、離反し、信長軍の後ろから襲いかかったのである。

なぜ、浅井長政は突如として義兄・信長を裏切ったのだろうか。信長は娘の徳姫を嫁がせた徳川家と同じように、浅井家を頼りにしていたと考えられるのだ。

父祖の代からの同盟尊重か

長政の謀反の理由について、従来は父祖の代から同盟関係にあった朝倉氏を織田より重んじたからと説明されてきた。代々の縁のほうが、少し前に結ばれた関係より重いということだ。

だが、これは近世になって書かれた軍記物などから生まれた筋書き。同時代の信頼できる史料には、浅井・朝倉両氏の父祖の代からの同盟関係を示す記述は見当たらないことが近年の研究により明らかになってきた。

そうなると、ますます信長に逆らって朝倉氏と結んだ理由がわからない。

「家臣的扱い」に堪忍袋の緒が切れたか

これについて歴史学者の小和田哲男氏は、信長が朝倉攻めを事前に浅井方に知らせなかったことが、疑心暗鬼を招いたのではないかと指摘している。信長が上洛したときに長政が六角攻めで活躍したにもかかわらず、その軍功に対する恩賞もなかったようで、長政自身は別としても家臣の間に信長への不満、不信感が高まっていたのではないかとみている。そこに加えて足利義昭と信長の関係が悪化し、義昭が新たな支援者を探すなかで朝倉義景と浅井長政が結びついた可能性も大きいと指摘している。

また、『信長公記』からは、信長が長政を家臣のように捉えていた節がうかがわれる。信長にとって同盟は決してパートナーということではなく、配下に組み入れたような感覚だったのかもしれない。

ともあれ、妹婿の裏切りに信長が怒り狂ったのは、いうまでもない。何とか危機的状況を逃れて岐阜に戻ると、二カ月後には復讐戦に乗り出した。徳川軍を加えた連合軍二万九千を率いて、浅井軍に朝倉軍が加わった一万八千と姉川で激突。これを打ち破ったのである。

戦よりも京風文化を好んだ朝倉義景

姉川の戦いで大敗した越前の朝倉義景は、その後も浅井長政とともに信長と戦い続けたが、天正元年（一五七三）、本拠一乗谷を織田信長に攻撃され、自害して果てた。

こうして朝倉家は滅亡するのだが、そもそも義景は戦国大名としてはあまり頼りにならない人物だった。自ら出陣することはあまりなく、戦よりも雅な京風文化を好み、本拠の一乗谷を小京都とするのにいそしんでいた。

義景の名前も将軍・足利義輝から義の字をもらったもの。十六歳で父の跡を継ぐと、はじめは延景《のぶかげ》と名乗っていたが、都びいきが高じて改名した。京都から公家や文化人を招いては茶道や和歌をたしなんだ風流人だった。

妻に迎える女性の好みもうるさく、身分の高い女性に限られたが、なかなか幸福には恵まれなかった。病気で他界したり、世継ぎも生まれなかったりで、ようやく男児を授かったのは三人目の妻だった。

ところが、この子も七歳で亡くなり、義景は朝倉家の行く末を憂い、うちのめされてしまったという。このお家存続の危機に際し、家臣がとった策がゆくゆくは裏目に出ることとなる。朝倉家滅亡の陰には、謎めいた幼な妻の存在があった。

世継ぎを産み、溺愛された側室

義景と同じく信長に滅ぼされた浅井長政は、信長の妹・お市の方を妻に迎えながら離反したことが、歴史ドラマではよく描かれる。これに対して朝倉家の滅亡にはあまりスポットライトがあてられることはないが、実は美貌の幼な妻という存在があった。家臣らが世継ぎを産むために選び抜いた側室に義景は骨抜きにされ、政務を投げ出して溺愛するようになったのである。

義景が小少将《こしょうしょう》と呼んで溺愛した相手は、母の侍女・斎藤兵部少輔《ひょうぶしょうゆう》の娘だった。十五歳にしてその色香に白羽の矢が立ち、側室として迎えられた。義景はすっかり夢中になり、待望の男児も授かった。

万事めでたしとみえたが、当主が愛妾にうつつを抜かしていたら、お家の将来は開けない。義景は殺害された十三代将軍・足利義輝の弟である義昭という奇貨を抱えながら、義昭を奉じて上洛するなどという大志は持っていなかった。それよりも小少将と戯れていたかったのだ。

その後、信長に奉じられた義昭が将軍となっても、義景は上洛の命令に応じなかった。小少将のもとから離れがたく、当の小少将が良からぬ耳打ちをしたためである。上洛命令は京都に義景をおびき寄せるためで、行けば暗殺されると言いくるめ、取りやめにさせたのだ。これが決定打となり、朝倉は信長に討たれることとなる。

では、この幼な妻はどんな人物だったのだろう。

義景は小少将を喜ばせようと金に糸目をつけず、美しい庭園のある館まで建てた。もともと小少将は頭が良かったようで、義景の相手をするうちに政治にも通じるようになり、政務を怠る義景に代わり、何かと口を出すようになった。

彼女の抜け目のなさは、逃げ足の速さにも表れている。織田軍に攻められ、敗走した義景が大混乱のなかでも小少将を探しに館に行くと、すでにその姿はなかったという。落ち延びて義景の子を産んだともいわれるが、その後は定かではない。

三方ヶ原の戦い――なぜ「勝てない戦」を始めたのか？

武田軍二万七千に対し、八千で挑んだ徳川軍

三方《み》ヶ《かた》原《が》の戦《はら》いといえば、これまで徳川家康が若気の至りで出撃し、大敗を喫したといわれてきた。武田信玄の挑発に乗って敗走を強いられ、恐怖のあまり馬上で脱糞したと語り継がれる。以後家康はこの屈辱を胸にしっかりと刻みこんで慎重を期するようになったともいわれているが、実際のところはどうだったのだろうか。

勝てる見込みのない合戦に駆り立てられたのは、元亀三年（一五七二）、家康三十一歳のときのこと。甲斐の武田信玄は信濃一円を制すると、打倒信長を心に決め、足利義昭や本願寺など、反信長勢力と結んで京に上ろうと志し、大軍を西へ進めていた。

一方の信長は浅井・朝倉連合を討ち滅ぼそうとしている最中で、浜松城にいた徳川家康に信玄の西進を止めるよう命じた。

三方ヶ原の戦いに敗れた徳川家康が逃げ込んだ居城・浜松城

その兵力差は、武田軍の二万七千に対し、徳川軍は八千ほど。三倍以上の開きがある。絶体絶命のピンチだが、信長がよこした援軍は三千程度にすぎなかった。

徳川家の家臣団が出陣に反対したのも当然だろう。城を出て大軍を迎え撃つなどという無謀な戦は避け、籠城すべしと揃って反対したのである。

それでも、当主が出陣を決めれば家臣は後に従うほかない。信玄は遠江に入ると浜松城の北わずか二十キロの二俣城《ふたまたじょう》を攻略。一帯の武士は次々に信玄方に寝返っていった。

信玄は堅固な浜松城を落とすまで数カ月もかけるよりは、家康をおびき出そうと浜松城にいったん迫りながら突然、西へと方向転換した。この挑発に対し、家康は出陣を決め、徳川軍は武田の大軍を追尾したのだ。

信玄の読み通りである。武田軍は三方ヶ原の台地の端で歩を止め、向き直って戦闘態勢をとった。

勢いよく追ってきた徳川軍も、まさかここで、全面衝突となるとは思いもせず、必死で戦うも兵力は歴然としており、惨敗に終わったのである。

家康に出陣する以外の道はなかったのか

はたして家康の胸中はいかばかりだったろう。おそらく、負けを覚悟で、決死の出陣もやむをえないとの判断だったのではなかろうか。

というのも、家臣の言葉を聞き入れて籠城したところで、大軍に包囲され、総攻撃をかけられれば落城するのは時間の問題。信長の手前、信玄の行く手に立ちはだかることもせず大軍を通過させるわけにはいかない。

それではメンツが立たないし、信長の怒りをかい、武田側と内通していると疑われて攻撃を受ける可能性もある。

つまり、早まったのではなく、いかにも家康らしい熟慮のうえの出陣だったと考えられるのだ。そして結果的に、この戦い以降は家康と三河武士団の結束が固まり、名声も高まった。

◇「戦う気はなかった」のが真実?

この点について、三河武士団の離反を止めることが大きな目的だったとしているのが、歴史研究家の河合敦氏だ。幼い頃に人質に出された家康は、桶狭間の戦いで今川義元が敗死し、ようやく三河に戻った。三河は祖父が統一支配した時期も数年にすぎず、家康への忠義は期待できなかった。実際に、三河で一向一揆が起こったときは、譜代家臣の多くが一揆の側について家康を攻撃している。

だから、家康が負け戦を恐れて城に籠れば、彼らに見限られていたと考えられる。己の武勇を印象づけ、信長に義理立てする策だったとする説だ。

もちろん、全面衝突をするつもりはなく、うまく存在感を誇示し撤収しようと考えていたのだろう。

革命的な商業政策「楽市・楽座」の裏の目的とは？

六角、今川、斎藤氏も導入していた「楽市・楽座」

学校で歴史をしっかり勉強した人なら、「楽市《らくいち》・楽座《らくざ》」は「織田信長が始めた革新的な商業政策」だと捉えているのではなかろうか。信長の型破りで自由闊達《かったつ》なイメージとも重なり、「さすが信長」と思っている人も多いだろう。

ところが、史料をたどっていくと「楽市・楽座」の生みの親は信長ではないことがわかってきた。より以前から行われていたことが判明している。

そもそも「楽市」とは、領主が課税や規制などをなくし、商人が自由な経済活動を行えるように促し、保護するもの。

一方の「楽座」は、商人の同業組合である「座」の独占販売を禁ずるもの。負担や特権を排することで新興の商人もモノも客も集まりやすくし、城下町を活性化して繁栄させることが狙いだ。

信頼できる史料に現れる最初の例は、天文十八年（一五四九）、近江の六角定頼の居城・観音寺城《かんのんじじょう》の城下町で楽市が行われたとするもの。今川義元の子・氏真も永禄九年（一五六六）に導入していた。

では、なぜ信長が編み出した画期的政策のように見なされてきたのか。

ひとつには、信長が美濃を制した直後に発令した「定」が残っているためと考えられる。これは楽市令を箇条書きにした札で、道端や寺社などに立てたものだ。

ただし、この札も詳しく見ていくと「楽市場」とあり、信長の侵攻前から斎藤道三が「楽市場」の政策をとっていたものと考えられる。従来からの政策を踏襲し、楽市を今後も許可するとのお触れだったと解釈されるようになった。

人、モノが集まれば……？

商人たちの特権的な「座」についても、信長は一律に排除しようとしたわけではない。安土城城下町などでは「楽市・楽座」と定めたが、京都や奈良では異なり、座の存続を容認する姿勢を見せていた。

つまり、座が強い力を握ってきた歴史ある大都市では、従来通りのやり方を重んじたということがわかる。これに対し、地方の新興都市では新しい「楽市・楽座」の経済政策を盛んに推し進めたのだ。

◇「情報収集」も大事な目的だった

また、信長が商業に力を注ぎ、町を活性化しようと図ったことには、もうひとつの狙いがあった。人やモノが集まれば、同時に情報が集まる。大いに栄えている町には遠方からも人が集まり、各地のニュースを収集できる。

信長が鉄砲という新たな武器をいち早く導入できたのも、その威力、メリットについてライバルたちより早く把握し、正確な情報に基づく判断ができたからだろう。

そうして見ると、「楽市・楽座」と天下統一は結びついているともいえる。各地の最新情報を知らずして優れた戦略は立てられない。極端な言い方をすれば、「楽市・楽座」で集まる情報を積極活用して、信長は天下取りの目前まで迫った。そして「楽市・楽座」といえば信長というイメージが定着したのであろう。

長篠の戦いの決め手となった「三千挺三段撃ち」の謎に迫る！

武田軍の最強の騎馬隊を待ち受けていた馬防柵と鉄砲隊

戦国最強と恐れられた武田軍と織田信長・徳川家康の連合軍が激突した長篠の戦い。武田信玄は志半ばで病により元亀四年（一五七三）に帰らぬ人となったが、後を継いだ武田勝頼は翌年には早くも東美濃、遠江に攻め入って勢力圏を拡大し、その勢いはとどまるところを知らないように見えた。

自信をみなぎらせた勝頼は、天正三年（一五七五）五月、信玄亡き後に徳川家康に奪われた三河の長篠城を奪還すべく合戦に向かった。一万の兵を引き連れて侵攻し、長篠城を包囲したのである。

このとき長篠城を守っていた奥平信昌《のぶまさ》は、すぐに徳川家康に援軍を要請。その家康もまた自軍のみでは不足と考え、即座に信長に援軍を求めた。長篠城の危機を聞いた信長は有力家臣をはじめ二万もの大軍を招集し、ただちに出陣した。

歴史に名高い「三千挺三段撃ち」

信長は、五月十八日には長篠城の西約四キロの設楽郷《したらごう》にある極楽寺山に陣を張り、防御設備を一日でしつらえた。運搬してきた大量の丸太を使い、高台に沿って馬防柵をずらりと設置したのである。家康軍は八千の兵を率いて弾正山《だんじょうやま》に布陣した。

五月二十一日、勝頼は長篠城を包囲する部隊を残して設楽原《したらがはら》に進出。織田・徳川軍と対峙するように布陣した。両軍は五百メートルの距離を置いてにらみ合った。

そして、決戦の時。精鋭ぞろいの武田軍の騎馬隊が一斉に攻撃を開始した。一方の織田軍は陣を出ることなく騎馬隊が十分に近づくまで待ち、千挺の鉄砲隊に一斉に火を噴かせた。一列目が撃つと下がって入れ替わりに二列目が、その次には三列目が前に出て一斉射撃を浴びせ続けた。千挺ずつ三列をなした鉄砲隊による「三千挺三段撃ち」の攻撃だ。

これでは最強の騎馬隊もたまったものではない。武田方の有力武将の多くが討ち死にし、おびただしい犠牲者を出すこととなった。

長篠の戦いの様子を描いた『長篠合戦図屏風』

この「三千挺三段撃ち」は「三段式装填法」とも呼ばれ、信長による鉄砲革命、戦術革命として以降の戦術に大きな変革をもたらしたといわれている。

鉄砲には実戦で主力兵器としにくいという難点があった。威力はあるが、弓矢のように連射ができなかったのだ。一度撃ったら筒に残ったかすを取ってから火薬を入れ、弾を込め、火皿に火薬を入れるという一連の作業をしないと、再び撃てない。

それを信長は三列に入れ替わり撃たせることで克服したことが革命的だったということだ。

ところが、近年ではかなりの脚色、誇張ではないかと疑問符がついている。実際、『信長公記』では鉄砲の数は千挺とされている。

加えて、千挺もの鉄砲隊をずらりと直線に並ばせ、同時に射撃する必要はない。武田軍の騎馬隊が横一列で攻めてくるわけでもなく、騎馬隊に歩兵が交ざった編成で突撃してきたはずである。現地は地形的にも一直線に千挺が並ぶことはできない。

また、『信長公記』には日の出とともに開戦し、午後二時頃まで続いたとする記述もある。しかし鉄砲隊だけで勝敗がついたなら、もっと早く終わるのではなかろうか。さらに、すさまじい射撃を受けた武田軍がなぜ退かなかったのかという問題もある。

実は、武田軍は無謀にも死へと突き進んだのではなく、退路を断たれていた。二十日夜半、徳川軍の酒井忠次率いる奇襲部隊が武田軍の背後にまわるため山中を密かに進み、鳶ケ巣《とびがす》山に到着。二十一日未明、奇襲をかけて砦を攻略した。

武田軍はこれに押されるようにして前面に出ていき、設楽原での合戦が始まったのだと説明されている。撤退したくても退けない状況に追い込まれていたのである。武田軍の兵力は最大で一万。これに対し、織田・徳川連合軍は二万。鉄砲保有率の高い二倍の敵を相手に正面から戦うことを強いられたわけだ。そうなると、長篠の戦いの最大の勝因は、織田方の奇襲作戦だったと考えることができる。

石山合戦に隠された本願寺顕如の教団繁栄の戦略

◇十一年にわたる抵抗の末に降伏した本願寺

並みいる有力武将が織田信長に組み敷かれるなか、十一年にもわたり抵抗を続け、激しい攻防を繰り広げたのが、戦国時代を通して全国で発生した一向一揆の指導的立場にある石山本願寺の顕如である。本願寺はなぜそこまで強かったのか、顕如は何を目指していたのだろうか。

石山合戦が起きたのは元亀元年（一五七〇）九月のこと。信長が石山本願寺を包囲するように陣を敷いたことに、顕如が危機感を募らせたのが端緒だ。

信長の動きは、そもそもは三好三人衆の動きを封じるためだった。鳴りを潜めていた三好長逸《ながゆき》、政康、石成友通《いわなりともみち》の三人衆が、信長に反撃しようとしていたことを受けての対策である。信長は天王寺に陣を置くと、天満宮の森、海老江、川口、神崎・上難波、下難波に布陣していった。これが本願寺を取り囲む形となったのである。

顕如が「徹底抗戦」を選んだ理由

それまで顕如は表立って信長に反発してはいなかった。足利義昭を奉じて上洛した信長に軍用金の提供を求められたときは、これに従っている。

だが、信長が三好三人衆の砦を攻略した後には、わざわざ敷いた包囲網を解くよりも、そのまま本願寺を落としにかかるに違いないと顕如は考えたのである。

信長に立ち向かうには相当な戦力が必要だが、本願寺には一向一揆のネットワークが畿内や東海各地に広がっており、各地に信徒がいた。三好三人衆、近江の浅井長政、越前の朝倉義景らと連携し、顕如に檄《げき》を飛ばされた各地の門徒は織田領内で次々に一揆をおこしていった。

現代の日本人にしてみると、一寺院が天下取り間近の権力者と戦争をするというのは考えにくいが、顕如は「本願寺法王国」を夢見ていたのではないかとみられる。実際のところ、長享《ちょうきょう》二年（一四八八）の加賀一向一揆では一揆勢力が守護の富樫氏を倒して加賀一国を所領とし、越前でも一向一揆の後に本願寺が守護を派遣している。

一向一揆により本願寺が治める所領が増えていけば、信長の天下統一には大きな妨げとなる。苦戦を強いられながらも各地の一向一揆をひとつひとつ鎮圧しながら本願寺との戦いを続けた。石山合戦が長引くなか、顕如は足利義昭、毛利輝元を味方につけてさらなる戦いに挑んだが、天正八年（一五八〇）、ついに和睦し、顕如が大坂を退去して十一年にわたる戦は終わった。

ただし、顕如は信長の前に完全に屈服したのだとは言い切れない。各地の一揆が鎮圧されても、石山本願寺は最後まで健在だったし、戦いも和睦の形で終わっている。何といっても、こののちに本願寺はより一層の繁栄を見せている。時の権力者と武力衝突をして覇権争いをするよりは、信仰の世界に専念し、余計な摩擦が起きないようにした戦略とも考えられる。

信長が謀反に散った後は、顕如は豊臣秀吉の庇護を受けた。大僧正《だいそうじょう》となり、朝廷から准后《じゅごう》というきわめて高い称号を受けている。信長への降伏をめぐって和睦を進める顕如と三男の准如に反抗した、長男の教如とその支持者が、のちに東本願寺を建て分裂するものの、本願寺は江戸時代を通じて繁栄を遂げることとなる。

室町幕府が滅亡したのはいったいいつなのか？

◇信長による足利義昭追放が事実上の幕府滅亡

永禄十一年（一五六八）、織田信長の後ろ盾を得て上洛し、十五代将軍となって室町幕府を再興した足利義昭であったが、信長との蜜月は続かなかった。義昭は将軍となったものの、あくまで実権を握るのは信長である。義昭はその事実に気づき、何とか信長を排除しようと反信長勢力に働きかけ、策謀を巡らせるが、信長の反撃にあう。信長は義昭を激しく非難する「十七ケ条の意見書」を出し、各方面に配布している。

メンツをつぶされた義昭は信長への敵意を募らせていき、三方ヶ原の戦いで武田信玄が徳川軍を撃破すると、今がチャンスと挙兵した。京都を目指す信玄の勢いに乗って信長を倒そうとしたのだが、元亀四年（一五七三）、頼りの信玄が病に倒れ、この世を去ってしまった。

信玄の脅威に備える必要がなくなった信長は、兵を進めて二条城を落とし、義昭のいた槇島城《まきしまじょう》もたった一日で攻略したのである。

こうして義昭は、とうとう京都から追い出されてしまった。延元《えんげん》元年＝建武《けんむ》三年（一三三六）に足利尊氏が開いた室町幕府は、ここに幕を閉じたのである。

ただし、義昭はそう簡単には負けを認めなかった。将軍が京都を追われたことで室町幕府が事実上終焉を迎えても、義昭はそうは考えなかったのだ。

それでは、義昭にとっての幕府はいつまで続いたのだろうか。

将軍を辞さず、毛利輝元を副将軍に任命!?

京都を追われても、義昭は将軍を辞さなかった。信長を排除して京都に戻ろうと諸大名に支援を求め、なかなかうまくいかずともまだあきらめない。信長との和睦を進める動きがあったにもかかわらず、拒絶されるのが当然の条件をつけて破談にしてしまった。

そんな義昭が頼みの綱としたのは、毛利輝元だった。輝元はもともと打倒信長の意思はなかったのだが、国境まで織田方の勢力が迫り、義昭を奉じることを決意。義昭は備後《びんご》鞆《とも》に居を定めて輝元を副将軍に任じ、幕府の奉行人、奉公衆、毛利氏の家臣などを登用して「鞆幕府」の体制づくりに励んだ。

◆実態は幕府の体を成していなかった

ただし、その実態はというと、信長に敗れた大名や幕府の「奉公衆」の看板につられた中小の領主の寄せ集め。義昭が各地に号令を出しても、頼りにできる武将が馳せ参じることはなかった。何とか体を成していたのは、毛利家の有力者に支えられてのことだった。

したがって、やはり鞆幕府は、幕府といっても名ばかりのものといえる。

信長が本能寺で倒され大喜びした義昭は、今度は秀吉を頼りとし、天正十五年(一五八七)、京都への帰還を果たした。

だが、義昭の期待したようには歴史は動かなかった。幕府の実質的な再興はかなわないと悟り、翌年、ついに出家。これで完全に室町幕府は終わりを迎えたこととなる。

織田信長の比叡山焼き討ち、実は小規模だった？

跡形もなく焼き尽くされ、何千人も殺された!?

比叡山延暦寺《えんりやくじ》の焼き討ちといえば、織田信長の残忍な性格を象徴する出来事として知られる。元亀二年（一五七一）九月十二日、山全体が炎に包まれ、根本中堂《こんぽんちゅうどう》をはじめとして四百から五百の堂宇《どうう》すべてが焼け落ちたと伝えられてきた。

その神仏をも恐れぬ冷酷非道なやり口に、人々が震え上がったのも当然だろう。京都の公家・山科言継《やましなときつぐ》の日記『言継卿記《ときつぐきょうき》』には、衝撃的な記述がある。信長が日の出とともに火を放ったこと、大講堂、中堂、谷々の伽藍《がらん》までひとつ残さず火を放ち、山法師たちはことごとく討ち死にし、僧侶や女性、子どもまで三千人から四千人が斬り捨てられ、麓の堅田《かただ》も燃やされたといった内容である。

朝廷の女官らによる『御湯殿《おゆどの》の上の日記』などにも、事細かな描写がある。

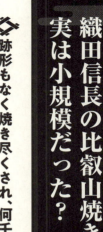

これらは同時代に著されただけに信憑性の高い史料として定説の形成に影響を与えてきたが、近年、実はかなり誇張されていることがわかってきた。事件当時、書き手は京都にいたので、記事は実際に目撃して書いたものではなく、人づてに聞いた話と思われる。

では、本当のところはどのくらいの規模だったのだろうか。

総攻撃というよりは「山火事程度」？

信長とて理由もなく攻撃を仕掛けたのではない。その前年、浅井長政と朝倉義景が比叡山の山々に陣取って、信長の手を焼かせていた。

信長はこのとき比叡山に対し、織田方につけば領地をやってもいい、せめて中立を保つようにと申し入れた。さらに、織田方の味方もせず、中立も守らないというなら、根本中堂、山王二十一社をはじめすべて焼き払うと脅してもいるが、比叡山はこれを無視し、浅井・朝倉が山中にこもるのを容認したのである。

これにより苦戦をしいられた信長は、比叡山が敵対行為をとったと見なした。現代の感覚からはわかりにくいが、当時の寺社勢力は俗世界と無縁ではなく、比叡山は寺社勢力として最大の武装集団となっていた。戦乱の世であり、各地の戦国大名と結んで、勢力を保ち、拡大しようとしていた。それに対する信長の答えが焼き討ちであった。浅井・朝倉勢が去り、備えが手薄になっていたところに火を放ったのだ。

全山を灰燼に帰したと伝えられてきたこの焼き討ちが、実はそれほどの大規模ではなかったのを明らかにしたのは、近年行われた発掘調査だった。焼土層があまり見つからないうえ、戦国時代の遺構もほとんど発見されなかったのだ。根本中堂、大講堂が存在していた痕跡はあるが、それ以外の数多《あまた》の堂宇の大半は、とうの昔に廃祀していたと見られるのである。

実際のところは、山全体が炎に包まれて焼け落ちるほどのものではなく、「ちょっとした山火事程度」だったと推測されている。

また、非道な行いゆえ、明智光秀ら臣下の者たちにいさめられたともいわれてきたが、これも少々違うようだ。近年になって発見された光秀の書状から、直前に知らされ、反対したのではなく、十日前から光秀らが準備していたことが判明している。

京の人々が著した日記にしても、寺を焼き討ちにするという衝撃が、伝え聞く信長の残虐な性格と結びつき、人の口に上るたびに大げさになっていったのだろう。

乱世で暗躍した伊賀忍者とはどんな集団だったのか？

勝手に伊賀に進軍、大失敗した信長の次男信雄

織田信長の次男信雄《のぶかつ》は、軽率にも伊賀に手を出し、手痛い失敗をした。信雄は伊勢を制する信長の戦略として北畠氏の養子に出され、天正三年（一五七五）には家督を継いでいた。

伊賀を制圧すれば父が大喜びして自分の評価が一気に高まると、信雄ははかない望みを抱いたのかもしれない。当時の伊賀は形式上は信長の支配下にあったのだが、置かれた守護は名ばかりの存在。実態としては土豪の連合組織として十二人の評定衆が治めており、数多くの土豪や国人が割拠する状態にあった。

天正六年（一五七八）、信雄は拠点となる丸山城の修築にかかった。いきなり始まった城づくりに伊賀衆が危機感を募らせ、信雄は先制攻撃を仕掛けられて敗走へと

追い込まれることとなった。

だが、これであきらめる信雄ではなかった。雪辱のため翌七年（一五七九）、信長の許可を得ることもなく、一万余りの軍勢で伊賀に侵攻したのである。

◈伊賀忍者の分布

だが、信雄はあっさりと撃退されてしまう。伊賀衆の完全勝利である。これを第一次天正伊賀の乱と呼ぶ。信長が激怒したのは、いうまでもない。これに親子の縁を切るとまで激しく叱責し、以降、その評価が変わることはなかった。

では、織田の大軍を寄せつけなかった伊賀衆とはどんな人々だったのか。伊賀と聞いて思い浮かべるのは忍者だろう。

三方向から侵入した信雄軍は、山がちの狭隘《きょうあい》な地形を前に思うように進軍できなかった。そこを山中でのゲリラ戦に長《た》けた伊賀衆に奇襲され、夜襲をかけられ、織田方の兵は次々に命を落としていった。

信雄の重臣・柘植保重《つげやすしげ》も討ち死にし、信雄軍は壊滅的な打撃を受けて逃げ帰ったのである。

諜報活動に加え、ゲリラ作戦も得意とした伊賀衆

伊賀は四方を山で囲まれた盆地であり、京都から適度な距離があることから、古くから都での政争に敗れた人が身を隠す隠れ里として使われてきた。伊賀忍者の由来をたどると、鎌倉時代後期から南北朝時代にかけて南伊賀の黒田に現れた「黒田の悪党」と呼ばれる武装集団にいきつく。

従来の一騎打ちを花形とする武士とは異なるゲリラ戦を得意とする人々で、渡来人の影響を受けていたと考えられている。

さらに、北伊賀にも同じように「悪党」と呼ばれる集団が出現、黒田の人々と結び

ついて伊賀忍者へとなっていった。

戦国時代に入り、そうした戦闘集団の活躍の場が拡がったのはいうまでもない。独自の兵法に磨きをかけて忍びの術を確立した彼らは、戦国大名たちに傭兵のように召し抱えられ重宝された。諜報活動、奇襲、謀略などで力を発揮したのである。

◆全国に散り散りになった忍びたち

そのような伊賀衆を倒すには、周到な作戦が必要だ。信雄の不始末から二年、天正九年（一五八一）になり、信長は自ら指揮をとり、一万余りの兵を率いて伊賀攻めを行った。四方向から攻め入り、皆殺しにして寺社まで焼き討ちする焦土戦術である。

伊賀衆は城にたてこもりゲリラ作戦で抵抗したが、ついに殲滅《せんめつ》させられた。これを第二次天正伊賀の乱という。

皮肉なことに、生き延びた伊賀衆は全国に離散したことで、江戸時代にも活躍の場を得ることとなる。徳川家康以下多くの諸大名が伊賀の人々を隠密として使ったことはよく知られる通りだ。

◈信長に重用されていたのに……

織田信長の苛烈な性格を重臣として間近に見ていながら、唐突に謀反を起こしたのが摂津《せっつ》の荒木《あらき》村重《むらしげ》である。

信長の実力主義と容赦ない性格を知り尽くしているからこそ、切り捨てられる前に先手を打ったと説明されてきたが、本当にそうなのだろうか。

村重は父の代から摂津の国人・池田勝正に仕えていたが、この主君を高野山に追放して主家乗っ取りに成功し、まず地盤を手に入れた。

さらに、池田氏にならび摂津三守護といわれた和田氏、伊丹氏も攻め滅ぼし、摂津一円の統一を果たす。

こうしてのし上がるなかで村重は織田信長に属するようになり、信長に見込まれて重用され、数々の戦で手柄をたてていった。ついには摂津一国をまかされ、摂津伊丹の有岡城主、大名にまでなった。

突然の寝返りは「自己防衛」だった？

ところが、信長が石山本願寺と毛利氏との戦いに力を注いでいる最中に、村重は唐突に毛利方に寝返り、有岡城に籠城してしまったのだ。

『太平記英雄伝 廿七 荒儀摂津守村重』（歌川国芳筆）

その直接的なきっかけとされるのが、石山本願寺を包囲中に部下が兵糧を密かに売っていたこと、そして毛利攻めのときに播磨《はりま》の神吉城《かんきじょう》で敵方の武将を逃してやったことだ。

信長に一度疑われたら最後、もう取り返しがつかないと村重は覚悟を決めたのだろうか。

つまりは、自己防衛のために寝返ったという解釈がなされてきた。

◇大いなる野望に燃えての謀反だったのか？

一方、村重はもっと野心的な武将であったと見る向きもある。摂津一国の大名で終わる人物ではなく、信長の家臣ではあきたらなくなって謀反を起こしたのだと歴史小説家の早乙女貢氏は見ている。

実際、村重の謀反は信長を危機に陥れた。反信長の動きが波及して摂津や播磨の国の武将たちが次々に反旗を翻したのだ。さすがの信長も石山本願寺と毛利氏という強敵を相手にしながらでは身動きがとれない。仕方なく本願寺との和解の仲介を朝廷に願い出てもいる。

もしかしたら、村重は毛利氏と結んで天下をとる日を夢見ていたのだろうか。

いずれにせよ、村重に輝かしい未来は開けなかった。一度は村重に寝返った武将たちも信長の説得にひとりひとり落ちていき、信長は力を取り戻していった。

決定的だったのが、籠城する村重へ毛利軍が支援に駆けつけなかったこと。それでも望みをつなごうとしたのだろう、村重はひとりで城を脱出し、息子のいる尼崎城へ逃げ込んだ。

度重なる説得にも〝決して〟応じなかった

村重はもはや信長の言葉に耳を傾けることはなかった。籠城した当初、馬鹿なことはやめて思い直すようにと何度も信長の使いが来ても聞き入れず、使者の黒田孝高さえも幽閉する始末。尼崎城にもたらされた城と人質を交換する提案も拒んだ。

こうして、有岡城に置いていかれた村重の妻子、家臣とその家族が皆処刑される結果となったのである。

その後も、村重は逃亡生活を続け、豊臣秀吉が天下をとると茶人として仕えた。千利休に茶を学び、利休高弟七人のひとりともなっている。

上杉家の命運を分けた「御館の乱」の真相

謙信は景勝よりも景虎を後継に望んだのか？

天正六年（一五七八）三月十三日、上杉謙信が春日山城で急死した後、ともに養子であった景虎《かげとら》、景勝《かげかつ》が跡目争いを開始した。世に言う御館《おたて》の乱の勃発である。

生涯妻帯しなかった上杉謙信には実子がなく、姉の子である景勝と、同盟の人質として越後にやってきた北条氏康《うじやす》の子・景虎という二人を養子としていた。

しかし、謙信は生前、どちらを跡継ぎにするのか明言しておらず、天正六年の死を迎えてしまう。

謙信が跡継ぎを明らかにしていなかった以上、争いになるのは火を見るより明らかだった。

急死の衝撃と混乱のなか、二日後には景勝方が春日山城の本丸と金銀財宝などを完全に押さえると、形勢不利を悟った景虎は、春日山山麓にある前関東管領・上杉憲政《のりまさ》の屋敷である御館へ移って抵抗を開始した。

実家の北条氏も景虎に味方して支援する動きを見せ、武田勝頼《かつより》も景虎方についていた。さらに上杉一門の山本寺《さんぽんじ》定長や謙信側近の柿崎晴家、重臣の北条《きたじょう》高広など、上杉家中からも多くの家臣が景虎の味方をしており、形勢は景虎方優勢に見えた。

しかし、北条氏の援軍は遅れ、武田勝頼は景勝方との交渉の末、領地と黄金一万両で景勝方へと転じてしまう。

結果、景虎は翌年三月、景勝方の猛攻の前に御館を追われ、小田原へ逃げ戻ろうとする途中で鮫ヶ尾城へ追い詰められ、自刃して果てる。

景勝の実家・上田長尾家の上田衆が暗躍したのか

以上が上杉家を揺るがせた御館の乱のあらましである。結果的には、景勝が景虎を倒して当主となったが、一連の出来事は数々の謎を秘めている。

春日山城を退去したものの、この段階ではまだ景虎方が優勢であった。なにしろ、前述の通り、上杉家で長年中枢にあった重臣たちの多くが景虎派だった。

景虎の出自は相模の北条氏康の七男で、謙信が北条氏と同盟を結んだときに送られた人質であり、長年関東の支配権を巡って抗争を繰り返してきた宿敵の血筋であった。しかし、謙信はこの人質を手厚く迎え、養子とした。己の初名「景虎」を与え、早々に上杉景虎と名乗らせたことが、いかに気に入っていたかを物語る。

一方の景勝の母は謙信の姉であったが、春日山城でふたりが居住した曲輪《くるわ》も、景虎のほうが謙信のいる本丸に近かった。

こうしたことを考えると、謙信は景虎を後継にと考えていたのではないかと推測することができる。

血筋でいえば、景勝の母は謙信の姉であり、景勝のほうに分があるのに、なぜ上杉家の重臣たちが景勝を主君としたがらなかったのか。

それは、景勝の父親に問題があったからだ。父は坂戸城主・上田長尾家の長尾政景であり、景勝は父の死後に謙信の養子に迎えられていた。上田長尾家は何度も叛乱を起こした後、上杉家の支配下に組み敷かれた歴史があり、政景の死も武田氏との内通がうわさされた直後の溺死。実際には謙信による謀殺ではないかとみられている。

謙信はこれで上田長尾家の所領と上杉領国内で最大といわれた兵力を掌握したので

ある。

以降、上田長尾家の上田衆は戦のたびに最前線に送られ、不満が高まっていた。

こうした事情から、脳溢血とされる謙信の死も、上田衆の暗殺ではないかとする説もある。

◇「跡目争い」のその後

さらには御館の乱自体が、景勝擁立のための上田衆による軍事クーデターだったのではないかという指摘もあるのだ。春日山城占拠にしてもあまりに手際が良く、あらかじめ行動プランを周到に練っていなければ、ここまで速やかに行動できなかったのではなかろうか。

乱の後、上杉家は大きく変わった。長年にわたり謙信を支えてきた多くの重臣は滅ぼされ、上田衆がその領土を継ぎ、上田長尾家が実質的に支配をかためたのである。

上杉景勝を頂く家臣団の中枢に座ったのが、上田衆が誇る智将・直江《なおえ》兼続《かねつぐ》であった。

明智光秀を本能寺の変へと駆り立てたものとは？

本能寺へ向かった光秀の心中は

天正十年（一五八二）六月二日、織田信長の天下統一の野望を打ち砕いたのは、明智光秀の謀反であった。

信長が京都の本能寺に宿泊していたのは、中国征討へ向かう途上のこと。羽柴《はしば》秀吉が担当していた毛利攻めに後攻めとして出陣するためであった。光秀はその軍勢の先発を命じられ、一万三千の兵を率いて丹波亀山城から出発していた。

その光秀が途中、突如として進路を変え、京都へ向かった。桂川の手前まで来ると「敵は本能寺にあり」と宣言したと伝えられる。

明け方、信長とともに大軍に包囲された本能寺にいたのは、わずかな従者だけ。救援に駆けつけられる重臣は京都周辺に存在せず、信長は防戦するも負傷し、奥の書院

本能寺の変を描いた錦絵『本能寺焼討之図』(楊斎延一画)

で火に包まれて自刃した。嫡男の信忠も二条城に滞在していたところを襲撃され、命を落とした。

あまりに有名な本能寺の変であるが、光秀を打倒信長に駆り立てた動機については謎が多く、いまだ明らかにされていない。

これまで根強く語られてきたのが怨恨説である。光秀が信長に仕え始めたのは、永禄十一年(一五六八)頃。活躍を評価されて近江国に五万石を与えられ、坂本城を本拠とした。天正七年(一五七九)には丹波を平定し、統治を任されている。

ところが、謀反の直前、近江・丹波を取り上げられ、毛利氏の勢力下にあった石見《いわみ》・出雲に移されることになった。これは毛利氏を攻めて奪い取れという意味で、それを受けて光秀は左遷だと恨んだというのだ。ただし、その根拠は、史料としての信憑性が低い江戸中期に書かれた作者不詳の『明智軍記』なのだが……。

さまざまな「怨恨説」があるが……

丹波攻略の折に恨みが募ったとする説もある。

丹波の攻略を命ぜられた光秀は、八上城《やかみじょう》の波多野三兄弟が離反したため苦戦を強いられていた。そこで光秀は自身の母を人質に差し出し、三兄弟の命は保証するから降伏するように説得した。ところが信長がその約束を勝手に反故《ほご》にし、三兄弟を処刑。当然のことながら、光秀の母は八上城で殺害されてしまったというのだ。

ただし、これも史料として評価の高くない『総見記』が根拠で、信憑性に難がある。『信長公記』では、兵糧攻めに参った八上城の家臣が城主を差し出したとある。

辱めを受けたことを強調する説もある。

よく知られているのが、武田氏滅亡の労をねぎらうため、信長が家康を安土城に招いた際、接待役を解任された話。料理が傷んでいたという失態が信長の逆鱗に触れて折檻《せっかん》され、解任という辱めを受けたという。ただ、これも江戸時代初期の『川角《かわすみ》太閤記』などに記されているだけで、現在では否定する研究者が多い。

近年、有力視される四国政策転換説

新たな研究が進み、近年になり有力視されているのが四国政策転換説である。比較的信頼できる史料に基づいているところが、これまでの説とは異なる。信長は当初、土佐の長宗我部《ちようそかべ》元親《もとちか》と友好関係を結び、四国を自由に支配してよいと承認していた。このとき取次を担当していたのが光秀で、交渉の窓口となって関係強化に努めていた。

ところが、長宗我部氏の四国統一が実現間近となったとき、信長は大きく方針転換し、承認を撤回。四国を長宗我部元親のライバルである三好氏と信長の三男・信孝らとともに分割する方針に改め、光秀を取次役から罷免した。本能寺の変の直前にはすでに長宗我部氏の討伐作戦を発動し、三男の信孝と丹羽長秀が出陣準備をしていたのである。

かくして取次役としての面目を失った光秀の中で、打倒信長の意志が目覚めたのだろうか。戦国最大のミステリーがいよいよ解き明かされる日が近づいているのかもしれない。

安土城を焼いた真犯人は暗愚で有名なあの男？

光秀が留守居とした娘婿・秀満が火を放ったのか？

本能寺の変で織田信長が非業の死を遂げると、当時の人々の度肝を抜いた安土城の天主もまたこの世から消えてしまった。信長の権勢、天下統一のシンボルにして初めて造られた天主が炎上、焼失したのである。

だが、いったい誰が火をつけたのか、実は定かでない。

信長の横死《おうし》は、天正十年（一五八二）六月二日のこと。翌三日には家臣の蒲生賢秀《がもうかたひで》が安土城に駆けつけ、城にいた織田家の子女の安否を確かめると、日野城に移してかくまった。

明智光秀が安土城に入城したのは、それから二日後の六月五日である。ただし、城内の金銀を配下の者に分け与えると、八日には娘婿の明智秀満を留守居として残し、自身は本拠とする坂本城に戻っていった。

しかし、六月十三日に山崎の戦いに敗れた光秀は、敗走の途中に命を奪われた。これを聞いた秀満は、翌十四日には安土城を離れ、坂本城へと向かっている。

一説には、このときに秀満が安土城に火を放ったという。『太閤記』『秀吉事記』などには、その様子が描かれている。

安土城の天主台址。炎上の際、天主は北東方向に倒壊した

もうひとり、真犯人ではないかと疑われているのが、信長の次男・織田信雄である。何のために亡き父の城を破壊するのかと不思議に思われるが、宣教師ジアン・クラッセによる『日本西教史』には暗愚な信雄が火をつけたと記されている。城に残った明智の残党をあぶりだすためだったともいう。

だが、当時の信雄の所在をたどると、本能寺の変の知らせと出陣要請を受け、居城の伊勢松ヶ島から出陣したものの、光秀敗死と聞いて伊勢に戻っている。安土にいたのでなければ、火を放ちようもない。

◇犯人捜しはいまだ難航中

火事があった時期について、この時代の重要な史料とされる『兼見卿記《かねみきょうき》』には六月十五日と記されている。となると、秀満はすでに城を去った翌日だが、炎上したのは十四日夜半から十五日までともいわれ、犯人捜しはいまだ難航しているのである。

可能性としては、安土にいなかった信雄よりは、秀満が去り際に火をつけたと考えるほうが自然ではある。その動機として「捲土重来《けんどちょうらい》」を挙げる説もある。光秀を失い、もはやこれまでと覚悟を決めて安土城にこもるのではなく、今一度の挽回を期して城を焼き、本拠の坂本城に戻っていったということだ。

とはいえ、ほかにも、土民や野盗が略奪しようと城に押し入り、火をかけて去ったとする説、雷が落ちたとする説などもあり、議論が続いている。

徳川家康が九死に一生を得た伊賀越えを助けた男たち

本能寺の変のあとに訪れた絶体絶命のピンチ

本能寺の変はすべてを根底から揺るがした。

織田信長亡き後の世がどうなるのかと人々は恐れおののき、織田方の武将たちは進むべき道について素早い決断を迫られた。なかでも、窮地に立たされていたのが徳川家康である。

天正十年(一五八二)六月二日、家康は三十余名で堺《さかい》を見物し、京都へ戻ろうとしていた。少人数で問題がなかったのは、信長との同盟があってこそ。明智光秀が信長を倒した後となっては、いつ誰に襲われてもおかしくない。

領国三河まで戻るには三百キロの行程だ。この絶体絶命のピンチのなか、家康が最短コースである伊賀を越えて帰還したことは、後の尊称「神君」を冠して「神君伊賀越え」といわれている。
では、家康はいったいどのようにして九死に一生を得たのだろうか。

決死の伊賀越えを助けた人々

最短距離の伊賀には、前年に信長が攻め入り、殺戮《さつりく》の限りを尽くしている。信長への恨みが織田方の家康に向けられるのは当然のこと。無事に通してくれるとは考えがたい。

実際に堺まで家康に同行し、家康と別れて別ルートで逃走しようとした武田旧臣の穴山梅雪《ばいせつ》は、山城国で落ち武者狩りに遭い命を落としている。そうした死と隣り合わせの状況のなか、四面楚歌の家康はいかにして窮地を脱したのだろうか。

この謎を解く鍵を握るのが、服部半蔵正成である。この名を聞くと忍者の代表格のように思うかもしれないが、半蔵は父に伴って伊賀から三河に移り、徳川家に仕えて若い頃より功をなしていた。忍者というより旗本武将なのだが、伊賀の者であることには変わりない。

半蔵は先発するとまず甲賀に行き、甲賀・伊賀両衆の協力をみごとに取り付けたの

◈家康一行の伊賀越えコース

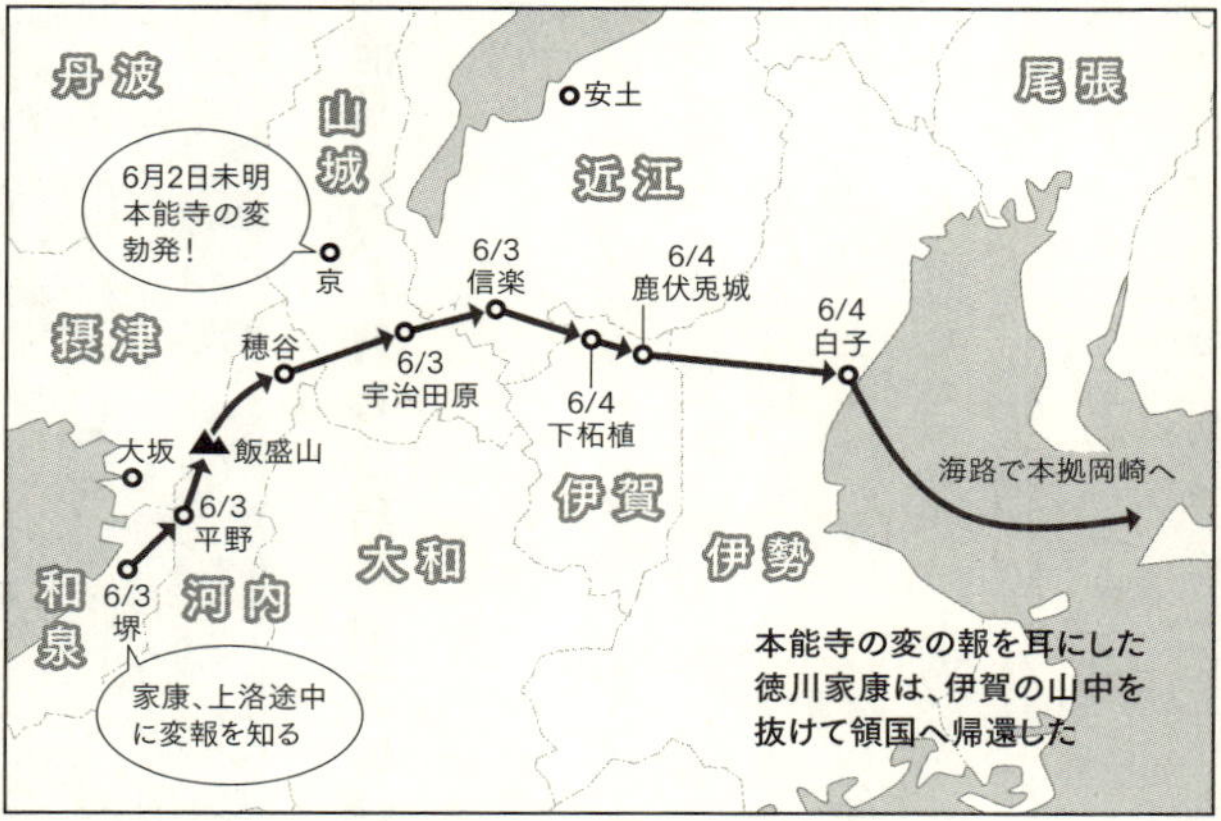

である。

こうして、甲賀から百人、伊賀からは二百人が護衛となり、家康一行の道中を守った。

また、家康の京都での御用商人・茶屋四郎次郎《ちゃやしろうじろう》の手腕も大きかった。彼は信長横死を聞くと家康のもとに参じ、服部半蔵とともに先発して用意してきた金を使って各方面に話をつけ、道中の安全を確保したのである。

このような助けを得て、家康は堺から飯森山を越え、近江甲賀の小川城に至り、伊賀の山道を進んで加太峠《かぶととうげ》を越えると白子《しろこ》に出た。そこからは伊勢湾を進み、三河大浜に上陸して岡崎城へ帰還したのである。

歴史の表舞台から姿を消した濃姫のその後

◇信長に輿入れした斎藤道三の娘

濃姫《のうひめ》といえば、美濃の「まむし」と恐れられた斎藤道三の娘。もともとの名前は帰《き》蝶《ちょう》といい、濃姫というのは「美濃から来た姫」の意味でつけられた通称といわれる。美濃から渡った先は尾張、織田信長に輿入れした姫である。

数多くの戦国武将のなかでも、主役級人物である信長の妻であり、しかも下剋上の象徴的存在である斎藤道三の娘という経歴から、信長を扱うドラマには必ずといってよいほど重要な役割を担う女性である。

輿入れにあたり、道三から短刀を渡されて「もし本当に信長がうつけ者なら、これで刺してしまえ」と言われた際には、逆に「父上を刺すかもしれません」と返したという逸話も伝えられている。

しかし、それほど有名な人物ながら、その後の消息を伝える史料は驚くほど少ない。信長は側室を含め妻妾たちについての記録がきわめて少ない人物であるが、正室の濃姫にいたっては、信長の家臣が書いた『信長公記』にさえ、夫婦の様子に触れていないほどである。まるで歴史の闇に消えてしまったかのようだ。

こうしたことから、濃姫は嫁いで間もなく病死したとする説もある。いったい彼女はどのような人生を送ったのだろうか。

◆早世したのか、はたまた長寿だったのか？

濃姫の生まれ年は、天文四年（一五三五）。父は道三、母は明智光秀の伯母にあたる正室・小見《おみ》の方といわれている。

信長への輿入れは、道三と信長の父・信秀との和議の証だった。道三が自ら美濃の守護に擁立した土岐頼芸と対立して頼芸を美濃から追放すると、頼芸は尾張の織田信秀を頼った。

以降、道三と信秀との間で戦いが繰り返されることとなる。これを終わらせようと和議が進められ、天文十七年（一五四八）に成立。翌年、濃姫は信長のもとに輿入れしたのである。このとき濃姫は十五歳、信長はひとつ年上の十六歳だったとされている。

その後、美濃と尾張の間は平穏を保ったが、弘治二年（一五五六）、道三は子の義龍と仲違いし、命を落としてしまう。濃姫をめぐってはこれにより結婚の意味がなくなったとして信長が離縁を言い渡し、実家に返されたとする説もある。

「正室」ではなくなっていた？

信長にはほかに生駒氏、坂氏、高畠氏から迎えた側室がいて、信忠、信雄を産んだのは生駒《いこま》氏である。嫡男を産んだ生駒氏が正室に近い待遇を受けるようになっていったことから、信忠が生まれた弘治三年（一五五七）頃には濃姫は正室としての地位を失ったか、譲ったかしたのではないかとみられている。

一方では、信長没後は「安土殿」と呼ばれたとする説もある。安土摠見寺《そうけんじ》には濃姫とみられる人物が慶長十七年（一六一二）に享年七十八で没したとの記録があるが確かなことはわかっていない。

出雲阿国――人々を熱狂させた大スターの出生の秘密

「かぶき踊り」に京の人々が熱狂

歌舞伎の始祖とされる出雲阿国《いずものおくに》。乱世が終わり、ようやく太平の世を迎える頃、民衆を熱狂させた大スターである。

芸能団を率いて各地をまわっていた阿国が京の都に上り、「かぶき踊り」を始めたのは慶長八年（一六〇三）。徳川家康が征夷大将軍に任ぜられ、幕府を開いた年である。終わりがないとみえた戦に身も心も疲れ切った人々が、見たこともない斬新な興行に夢中になったのは当然だろう。

阿国は時代の求める享楽を提供した。四条河原に建てた小屋に押し寄せる人々の数はすさまじく、押すな押すなで川に落ちて溺れ死ぬ人まで出たという。京都では北野天満宮、そして御所、公家の屋敷などでも踊りを披露している。

この阿国の「かぶき踊り」は歌舞伎の原点とされるが、いうまでもなく現在の格式高い歌舞伎とは大きく異なる。それは奇抜な装束、立ち居振る舞いから「傾奇者《かぶきもの》」といわれた人々を真似たような踊りだった。

なかでも評判を呼んだのが、男装をした女性が、女装した男性狂言師と戯れる茶屋遊びの演目。簡単な筋書きに合わせて演じられる舞台で、美貌の阿国の男装姿はなまめかしく、観客席は興奮のるつぼと化した。

出自は出雲の巫女か？

このように一世を風靡《ふうび》した出雲阿国だが、その出自や経歴はほとんどわかっていない。「出雲」とつくことからわかる通り、出雲出身のようで、自身は出雲大社の巫女と称していたという。

だが、生没年も不詳、本当に出雲大社の巫女だったのかも確認されていない。一説では、諸国をまわって各地で神楽などを奉納し、祈禱を行う「歩き巫女」だったのではないかといわれている。

大スターなだけに江戸時代に広まった阿国の話は数多く、それをまとめた書として

『出雲阿国伝』があるが、信憑性はあまりない。たとえば、織田信長や豊臣秀吉に召し出されて舞いを披露したなどと書かれているが、これは年代からみてありえないのである。

歴史の表舞台から姿を消した

阿国は江戸城でも「勧進《かんじん》歌舞伎」を上演したが、やがて後追いの亜流が次々に現れ、雲行きが怪しくなっていった。真似をして誘うように踊り、遊女のように客をとる者が現れたことから、公序良俗に反するとして幕府に禁じられてしまったのだ。

ただ、その後も京都の公家たちの日記には、かぶき踊りを楽しんだとする記述があり、完全に途絶えたのではないことがわかる。とはいえ、年代的に、阿国自身が踊り続けたとは考えられず、二代目がいたのではないかとみられる。阿国は後継者を育て、自らは引退したのだろうか。

一方で、故郷の出雲に戻り、出家して静かに余生を送ったともいわれ、確かなことはわかっていない。

コラム

戦国武器事情

その二　大砲

鉄砲が伝来し、その威力に度肝を抜かれた戦国大名たちは、火力の増大に力を入れようとした。破壊力がより高い火器を求めるのは自然の流れだろう。実際に、鉄砲に続き、両手で抱えて撃つ大筒や石火矢《いしびや》と呼ばれる大型火器が南蛮から入ってきていた。

となると、火縄銃に続いて、大砲に熱い視線が注がれたと想像されるが、戦国時代には大口径の砲はあまり注目されず、ほとんど普及しなかった。

というのも、ひとつには鉄砲に比べて大量の火薬を必要としたから。当時、国内には火薬製造に使う硝石《しょうせき》がなく、火薬は大変貴重だった。

その火薬を大量に使っても、命中率が低いとなればコスパが悪い。射程の長さと貫通力には目を見張るものがあったが、実用的ではなかったのだ。

もうひとつ、ヨーロッパとの戦闘方法の違いがある。ヨーロッパでは戦争というと、城壁で囲まれた難攻不落の都市を包囲し、大砲によって城壁を粉砕するのが一般的だった。そのため軍隊は騎兵、歩兵に加え、砲兵から構成されていた。

これに対して、戦国時代の日本では、野戦を戦い、険しい地形を利用した山城を攻めた。大砲は大変な重量があり、移動が困難だ。近寄りづらく敵を寄せ付けない場所に運び入れ、城に砲弾が届く地点に設置するのは不可能に近かった。

それでも永禄年間（一五五八～六九）頃には国産の大砲がつくられたといわれる。戦国時代の終わりには製造が増え、合戦に用いられるようになった。

大砲はなぜ普及しなかったのか？

特に、威力を発揮したのが ヨーロッパ同様、攻城戦である。

城攻めをする側は城郭の破壊に用い、守る側は押し寄せる敵兵を狙って発射した。

徳川家康は大砲の威力に目をつけ、早くから入手に努めたという。大坂の陣の前には大砲を製造させ、天守への砲撃を行ったことがよく知られている。天下の名城とうたわれた大坂城も、大砲の弾が飛んできて炸裂したのでは城内で受ける心理的脅威はいかばかりだったか、想像にかたくない。

第3章

〈天下統一期〉
史実に埋もれた
「知られざるドラマ」

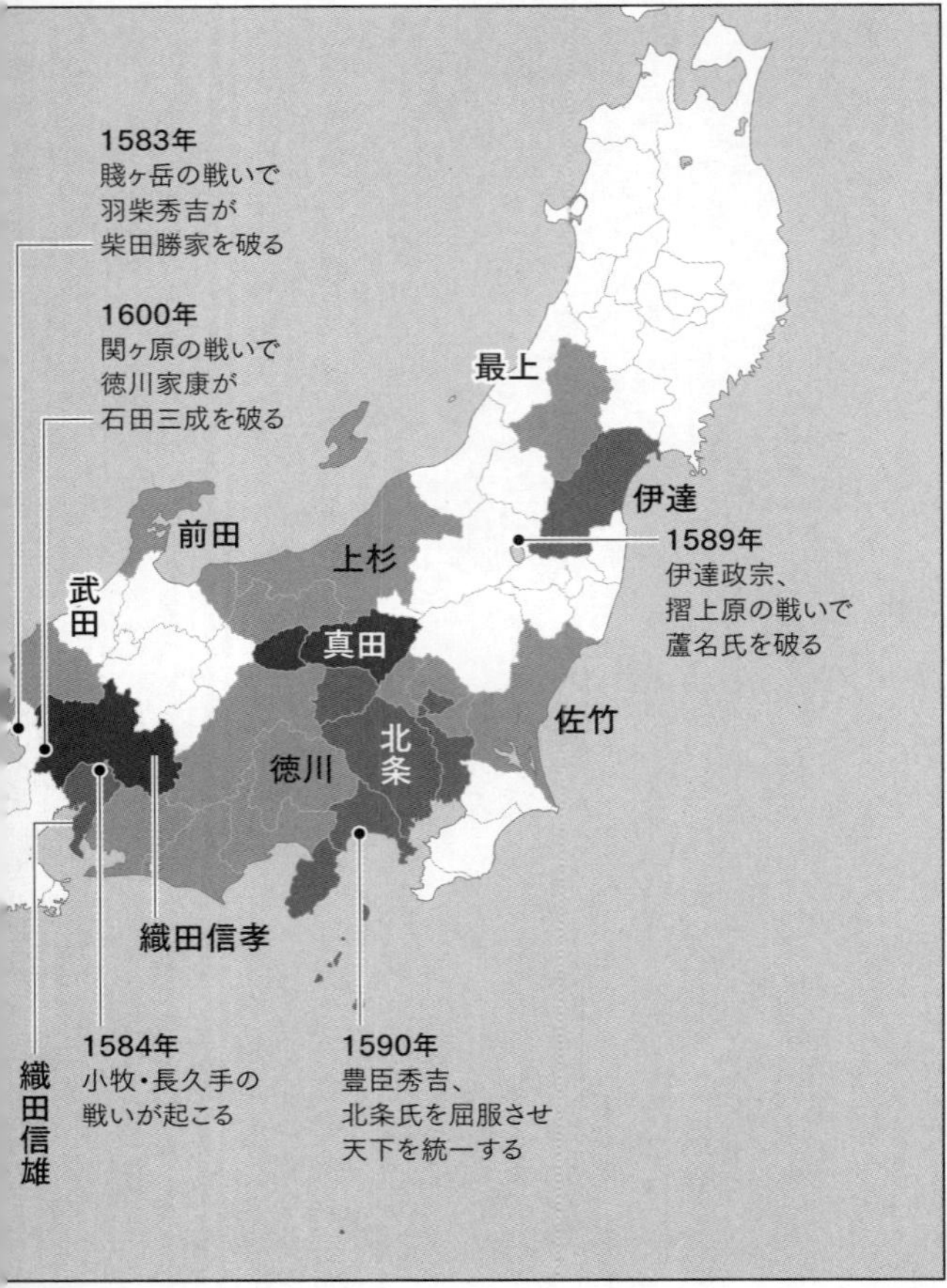
1583年
賤ヶ岳の戦いで
羽柴秀吉が
柴田勝家を破る
1600年
関ヶ原の戦いで
徳川家康が
石田三成を破る
最上
伊達
1589年
伊達政宗、
摺上原の戦いで
蘆名氏を破る
前田
上杉
武田
真田
佐竹
北条
徳川
織田信孝
織田信雄
1584年
小牧・長久手の
戦いが起こる
1590年
豊臣秀吉、
北条氏を屈服させ
天下を統一する

◈天下統一期の勢力図

織田信長亡き後、その覇業を継いだのは羽柴秀吉（豊臣秀吉）であった。明智光秀を山崎の戦いで破った秀吉は、柴田勝家との賤ヶ岳の戦いに勝利して織田家の実権を握ると、徳川家康を屈服させたのを機に長宗我部、島津、北条と敵対勢力を次々に制圧。天正18年（1590）、ついに天下統一を成し遂げた。しかし、秀吉の死後、政権の脆弱性を突いた徳川家康が実権を奪い、関ヶ原、大坂の陣を経て260年にわたる太平の世を築き上げた

1582年
山崎の戦いで
羽柴秀吉が
明智光秀を破る
1584年
沖田畷の戦いで
島津家久が
龍造寺隆信を
討ち取る
宇喜多
毛利
龍造寺
大友
長宗我部
三好
島津
島津氏は北進を
続け、九州統一へ
あと一歩と迫る
1615年
大坂夏の陣で
豊臣家が滅亡する

明らかになった歴史改変の事実！
筒井順慶にまつわる嘘

秀吉か光秀か、日和見主義の典型とされた順慶

最近ではあまり耳にしなくなったが、「洞ヶ峠《ほらがとうげ》」といえば日和見主義の典型をあらわす言葉だ。形勢をうかがって、どちらが有利かはっきりしてから強い方につこうとする態度を「洞ヶ峠を決め込む」と表現する。

この「洞ヶ峠」の由来とされるのが、山崎の戦いでの筒井順慶《つついじゅんけい》のふるまい。天正十年（一五八二）、本能寺の変で織田信長が突然の死を迎えたとき、順慶は信長に属する明智光秀の与力であった。

謀反を起こした光秀につくのか、それとも秀吉の側について信長の仇をとるか、難しい選択を迫られた順慶は洞ヶ峠に進出するも、そのまま旗色を明らかにせず、明智勢が不利となるや秀吉に味方したという。

それを考えると、洞ヶ峠で様子を見ていたのも頷けるということで、順慶の日和見の話が広まり、定着していったらしい。

洞ヶ峠というのは、現在の京都府八幡《やわた》市と大阪府枚方《ひらかた》市の境に位置し、北に天王山を望み、山城や摂津を一望できる峠である。

実際のところ、これは事実ではないことが現在では判明している。順慶は気の毒なことに汚名を着せられたのだ。

◇なぜ「卑怯者」のレッテルを貼られたのか

いったいなぜそのようなことになったのだろうか。後世の人から「卑怯者」とのレッテルを貼られた理由は、どこにあったのだろう。

そもそも筒井順慶がどんな人物だったかというと、大和・興福寺の衆徒の棟梁の家に生まれた人物である。松永久秀に大和に攻め入られると抗争の末、大和を追われ、信長に従うようになった。

久秀が信長に背いて討たれると、順慶は大和国を与えられ、郡山城《こおりやまじょう》を築いてその城主となった。織田勢で大和を担当していたのが明智光秀であり、その縁から順慶は光秀の与力となった。郡山城を築いたときには、築城の名人である光秀の助力を得ている。

戦いのさなか「籠城」していた

信長と光秀、両者に恩があった順慶だが、山崎の戦いでは洞ヶ峠まで兵を進めずに、実際には郡山城にこもっていたことが判明している。

秀吉の生涯を伝える『太閤記』にも、興福寺の子院である多聞院の僧侶が書いた『多聞院日記』にも、順慶が洞ヶ峠に行ったとは書かれていない。この峠まで来たのは光秀で、順慶に出陣を促すためだったとされている。

『多聞院日記』には順慶の籠城の様子が描かれている。当初、順慶は多少の兵を送り出し、光秀につくように見えたが、出陣せずに米や塩を城内に運び込み、先発隊も帰還させた。秀吉軍が中国遠征から取って返し、光秀を討つと聞きつけ、心を変えたらしいと記されている。

自らの城にこもるということは、戦に参加せず、どちらにもつかないという態度の表明となる。

子孫の「とんでもない気遣い」

では、洞ヶ峠の話はどこからきたのかというと、驚いたことに筒井家の子孫がまとめた『増補筒井家記』からである。

もちろん汚名を着せるつもりはなく、祖先の業績を美化しようとして、とんでもない失敗をやらかしてしまったのだ。この家記はほかにも、誇張にとどまらない捏造《ねつぞう》、誤りが多いと指摘されている。

筒井家の子孫は、山崎の戦いで順慶が城から動かなかったことを良しとしなかった。立派なご先祖様は洞ヶ峠まで兵を進め、戦況を見極めると、機転を利かせて明智軍に襲いかかり、大活躍をしたと書き記したのである。

しかし、これが仇となる。

事実改変の結果、順慶は日和見を決め込んだうえ、漁夫の利を得ようとした人物というイメージを世間に抱かれてしまったのだ。

この余計なお節介には順慶も墓の下でまさかと驚いたことだろう。

まさかの真実？明智光秀の天海転身説

豊臣家を滅ぼす黒幕となり復讐を果たした？

南光坊天海といえば、江戸時代前期に幕政にも参与して影響力をふるい、上野の寛永寺を創建した天台宗の僧侶である。晩年の徳川家康に重んじられて「家康の懐刀」といわれ、秀忠、家光と三代にわたり厚い信頼を寄せられたことで知られている。

この天海こそ、密かに生き永らえた明智光秀の転じた姿だったのではないかとする説がある。

まさかそんなことがありえるのかと疑いたくなるだろうが、偶然にしてはあまりに符合が多いのも事実なのだ。

光秀は本能寺の変で主君・織田信長を討った後、山崎の戦いで秀吉に敗れ、敗走する途中、京都の小栗栖《おぐりす》でこの地の民の手にかかり殺されたと伝えられている。その首は秀吉に献上され、秀吉は京都でこれをさらしものにしたが、本当に光秀かどうか判別はできなかったという。

それから十年ほど経った頃、家康に急接近したのが天海だった。天海の前半生があまり知られていないことも、光秀が転身したとする説に現実味を与えている。

だが、もしも本当に天海が光秀なら、家康が気づかないはずがない。この点については、家康はもともと光秀の参謀としての能力を高くかって以前より親しくしていたため、死んだはずの光秀が現れてもさほど抵抗がなかったとしている。

家康の天下取りの前に大きく立ちはだかっていた信長を光秀が排除したことは確かであり、それをありがたく思い、自らの計画達成に利用したというわけだ。

光秀は天海となって、憎き秀吉への復讐を果たしたのだろうか。豊臣家が滅亡へ突き進む引き金となった方広寺の「鐘銘事件」についても、背後にいたのは天海だという。鐘に刻まれた銘が家康への呪詛と言いがかりをつけた黒幕だという。

慈眼大師として長寿を全うしたのか

また、天海の大師号は慈眼大師《じげんだいし》といい、光秀の亀山城があった京都府京北周山村の慈眼寺には光秀の木像と位牌がある。「慈眼」でつながるのである。

また、比叡山の松禅院には慶長二十年（一六一五）に「光秀」なる人物が寄進した石灯籠《いしどうろう》がある。死後三十三年も経ってから、この世によみがえって寄進したのだろうか。死んだと見せかけて身を潜め、その後、別人になりすまして表舞台に返り咲き、家康に接近したという筋書きが見えなくもない。

比叡山の長寿院には、俗名が「光秀」であった僧がいたことも判明している。この僧は元和八年（一六二二）に死去しており、光秀が生まれたのは享禄元年（一五二八）頃。つまり、同一人物であれば九十歳を超えているので、当時としては珍しいほど長寿だったことになる。

ただし、天海が没したとされるのは、さらに先の寛永二十年（一六四三）。いくら光秀が僧侶に現世で転じたのだとしても、百十五歳まで生きることが可能だろうか。

日光東照宮にもちらつく光秀の影

春日局を後の家光の乳母に推薦したのが天海だったということも、この説の根拠とされている。春日局の父は光秀の重臣・斎藤利三《としみつ》。本能寺の変において重要な役割を

明智光秀との関係をほのめかす証拠が点在する日光東照宮

果たしたと目される人物であり、山崎の戦いの後に処刑されている。そんな謀反人の娘を将軍の嫡男の乳母にすることには、確かに疑問符がつく。光秀が遺《のこ》された家臣の家族を思い、家康に勧めたとみれば、説明がつかないことはない。

家康が世を去った際、天海は葬儀の導師を務めた。さらに日光東照宮を造営し、家康を東照大権現として改葬している。この東照宮にも光秀の影がちらつくという。鐘楼の壁と庇《ひさし》、陽明門の門衛の袴にあしらわれた紋が、徳川家の葵の紋ではなく、桔梗紋のように見えるのだ。

光秀と天海、両者を結ぶ奇妙な一致は何を物語るのだろうか。

賤ヶ岳の戦いで活躍したのは七本槍ではなく九本槍だった！

屏風絵によって異なる顔ぶれ

天正十一年（一五八三）の賤ヶ岳《しずがたけ》の戦いは、謀反により落命した織田信長の後継者を決定づける戦となった。秀吉と柴田勝家の全面対決である。

明智光秀を倒して勢いに乗る秀吉は、織田家の後継者としてまだ幼い嫡孫の三法師《さんぼうし》を担ぎ、後見人として力を振るおうとした。これに対して織田家の筆頭家老を務める勝家は、黙っていられない。勝家は信長の三男の信孝、伊勢の滝川一益《かずます》らと結び、秀吉を屈服させようと兵を挙げた。

この賤ヶ岳の戦いにおいて、秀吉に仕えて目覚ましい活躍をした七名は、後に大名に出世した。さらに、後の世で「賤ヶ岳の七本槍」として語り継がれている。

その七名が誰なのか、名を馳せたのだからはっきりしてもよいものだが、実はそう

◈九本槍のその後

感状授受者	大阪城天守閣版	岐阜市歴史博物館版
福島市松(正則)	加藤虎之助(清正)	福島市松(正則)
加藤虎之助(清正)	加藤孫六(嘉明)	加藤虎之助(清正)
加藤孫六(嘉明)	片桐助作(且元)	加藤孫六(嘉明)
片桐助作(且元)	糟屋助右衛門(武則)	片桐助作(且元)
糟屋助右衛門(武則)	脇坂甚内(安治)	糟屋助右衛門(武則)
脇坂甚内(安治)	平野権平(長泰)	脇坂甚内(安治)
平野権平(長泰)	桜井佐吉	平野権平(長泰)
桜井佐吉		
石河平助		

賤ヶ岳の戦いにおいて感状を受けたのは9人。七本槍は合戦図屏風にも描かれるが、作例によって違いも見られる

でもない。

七本槍の名が記された賤ヶ岳の戦いを描いた合戦図屏風は数例が今に伝わっているが、岐阜市歴史博物館の所蔵品と大阪城天守閣の所蔵品ではなぜかメンバーが違うのだ。

つきつめていくと、七本槍ではなく、九本槍だったのではないかとの説も出て、混沌とした状況となっている。

秀吉と勝家の両勢力は近江、美濃、伊勢などで衝突を繰り返し、琵琶湖の北岸、賤ヶ岳でにらみ合いとなった。

そのさなか、岐阜でいったん降伏した信孝が再び挙兵したと聞いて秀吉が大垣まで本体を移動させると、その隙に乗じて柴田

軍が動き、秀吉方の陣への攻撃を開始した。秀吉方の崩壊と思いきや、そこへ秀吉が強行軍で駆け戻り、形勢を逆転させた。

敵陣深くまで入り込んでいた柴田軍は、突如として現れた敵の大軍に大混乱に陥った。やむなく退却を始めたところを、秀吉の号令で〝七本槍〟と呼ばれた面々が追撃の先頭に立ち、多くの将兵を討ち取っていたのである。

◇「七本槍」のメンバーは？

一般的に挙げられるメンバーは、加藤清正、福島正則、加藤嘉明《よしあき》、平野長泰《ながやす》、脇坂安治《やすはる》、糟屋《かすや》武則《たけのり》、片桐且元《かつもと》。これが岐阜にある屏風絵にも記載された七名だ。

これに対して、大阪城の屏風絵には、福島正則ではなく桜井佐吉が代わりに加わっている。福島正則も描かれているのだが、七本槍ではない扱いだ。

なぜそのようなことが起きたのか。これはもとにした資料の違いとみられる。岐阜の作品は『賤ヶ岳合戦記』、大阪城のものは『川角太閤記』の記述を参考にして描いたものといわれているのだ。

ほかにもさまざまに異なる話を伝える史料があり、混乱のもととなっている。もともとのメンバーには福島正則も桜井佐吉も含まれず、石川兵助がいたのだが、その戦死により〝七本槍〟に戻そうと福島正則が加わったとする説もある。

本当の功労者は「九人」いた？

さらに、ここまで名前が挙がった九名には、賤ヶ岳の戦いでの戦功を賞する感状と恩賞が出た記録があり、いずれも大変な活躍をしたことは確かだ。ということは、実状としては〝九本槍〟であったのに、〝七本槍〟にしようとして、無理や行き違いが出たのではないかと考えられる。

七名にこだわった理由は、信長の父信秀が今川義元と戦ったときに活躍した、織田方の〝小豆坂の七本槍〟にあるとみられる。これにあやかり、〝七本槍〟としたかったということだ。

七本か九本か、いずれにせよ勝家は本拠の北庄城を攻められて自害し、秀吉の天下へと時代は進んだのである。

父親は誰なのか？羽柴秀長の謎多き出自に迫る

秀吉の補佐役として活躍した対照的な弟

羽柴秀長は兄秀吉を早くから補佐し、その天下統一への行程を支えた。総大将の秀吉に副将として秀長が従い、まるで分身のように戦った戦も多い。

秀長は中国攻めで頭角を現すと、四国攻めでは病に見舞われた秀吉に代わり総大将を務め、その功によって大和郡山城の主となった。後に権大《ごんの》納言となり、大和大納言と呼ばれた。

温厚で物静かと、秀長は兄とは対照的な好人物で、家臣団のなかで慕われ、信頼されていたという。残念ながら小田原攻めに加わった翌年の天正十九年（一五九一）、郡山城で病死してしまった。

秀吉と秀長との血縁関係については、父が違う異父兄弟として知られている。

◈羽柴秀長は誰の子か？

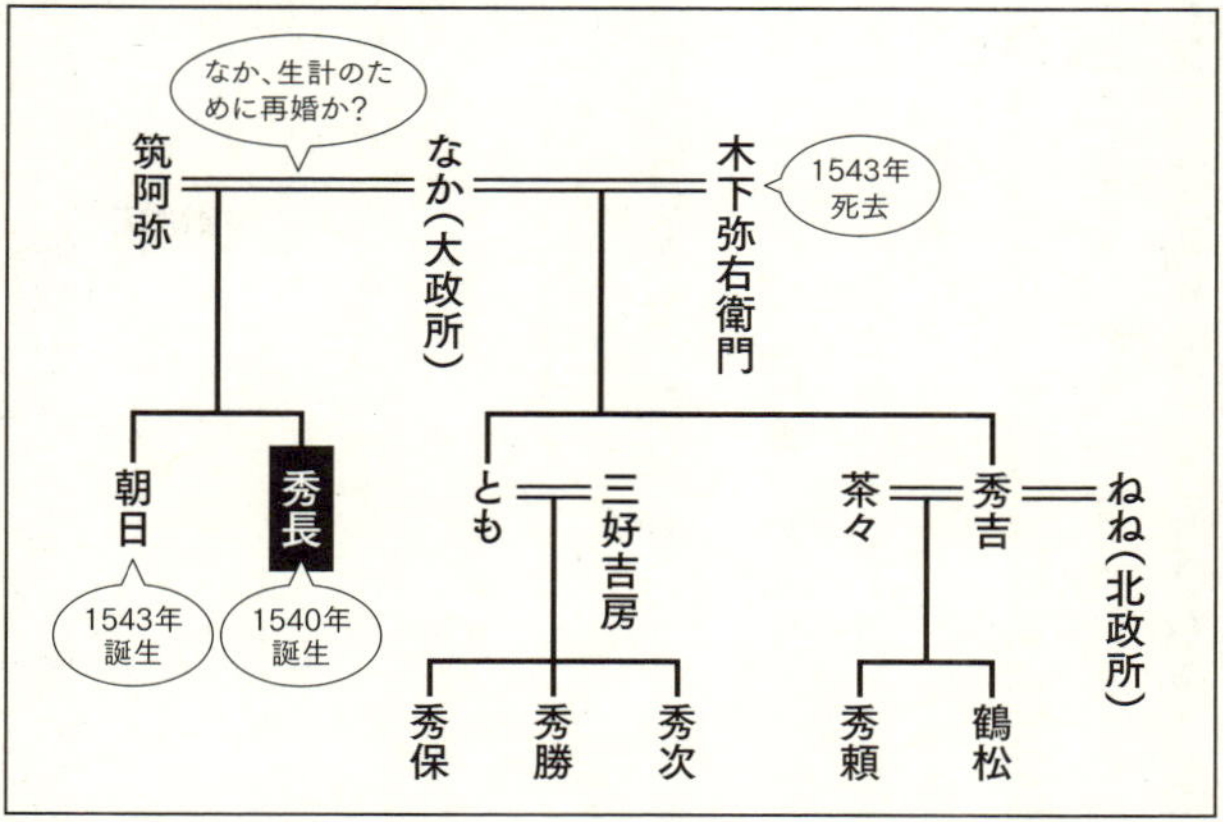

戦国時代からの多くの事柄を語った儒医・江村専斎《せんさい》の随筆『老人雑話』には、激高した秀吉が「御身とわれは、胤《たね》違ったり！」と秀長を怒鳴りつける描写がある。賤ヶ岳の戦いでの振る舞いを責めたものだが、これで異父弟であるとうかがえる。

◈出自には謎が多い

ただし、『老人雑話』は伝聞も広く集めており、事実とは異なる話も少なくない。秀長の父は誰なのだろうか。

秀吉・秀長兄弟の出自について、秀吉の生涯をまとめた土屋知貞《ともさだ》著といわれる『太閤素生記』を参考にまとめてみよう。

秀吉の母は「なか」といい、木下弥右衛

門との間に、秀吉の姉「とも」と秀吉を授かった。異父弟が生まれるからには、母には弥右衛門に続く存在があったはずで、それが再婚相手の筑阿弥《ちくあみ》とされている。筑阿弥は織田信秀の茶坊主である。

なかと筑阿弥の間には、天文九年（一五四〇）に男子、天文十二年（一五四三）に女子が生まれた。

この男子こそ秀長ということになる。ちなみに、二番目の女子は、後に家康の正室に迎えられた朝日姫である。

◇筑阿弥説にも問題が……

ところが、ここに問題が発生する。弥右衛門は戦で負傷し、それがもとで亡くなったと『太閤素生記』にも記されているのだが、その年代は天文十二年。朝日姫が生まれた年である。

ということは、母なかは弥右衛門を戦で失ったのではなく、何らかの理由で離別し、最初の夫が生きているうちに再婚したのだろうか。そうでないとしたら、秀長も朝日姫も父親は筑阿弥ではなく、弥右衛門なのだろうか。秀吉の実弟、実妹である可能性もあるのだろうか。

◇真相は「母の再婚」だったのか

この疑問を解くカギを与えてくれるのが、愛知県の郷土史家・寺尾大蔵氏の『豊臣秀吉の幼少年時代』という研究書である。秀吉の生誕地とされる名古屋市中村の伝承を研究し、まとめたものである。

弥右衛門は中村の村長で、信長の父信秀の足軽になった。もともと家にいることが少なく、上の子のともはかわいがっていたが、養女に出すと、ほとんど帰って来なくなったという。秀吉がなつくこともなかったらしい。

さらに、弥右衛門は戦傷で身体が不自由になり、痴呆の症状も出たことから、なかは生計を立てるために筑阿弥と再婚を決めたのだという。夫が留守がちの家にいつのまにか茶坊主が〝這いずり込んできた〟と古老たちは話していたそうだ。それならば、最初の夫の存命中に秀吉の異父弟が生まれても矛盾はない。

島津四兄弟のひとり家久は、その武勇を恐れる武将に殺された!?

戦の名手だった島津家の末っ子

豊臣秀吉が九州まで進軍する以前に、九州全土をほぼ支配下に置いていたのが薩摩の島津家十六代当主の島津義久である。義久には義弘、歳久、家久という弟がいて四兄弟であった。長兄の義久から十四歳年下の末弟・家久のみ上の三人と母親が異なり、兄たちより気性が激しかったという。

天正六年（一五七八）頃、島津の軍勢は日向高城合戦で大友宗麟《そうりん》の大軍に勝利をおさめ、軍功のあった家久は日向の守護代、佐土原《さどはらじょう》城の城主となった。家久は戦の名手といわれ、数々の激戦を勝ち抜いていた。

家久はそのアグレッシブな性質から、当主・義久の慎重な態度に苛立ちを覚えることも多かったのだろう。秀吉の九州侵攻が時間の問題となったとき、義久は豊後の大友宗麟への攻撃を控える決断を下したが、家久は密かに豊後攻めの計画を進めた。計画倒れに終わったものの、歴然とした反抗に義久が激怒したのはいうまでもない。

その後島津氏は豊後攻めを再開したが、天正十五年（一五八七）、宗麟が助けを求めた秀吉の大軍との合戦となり、勝ち目もなく敗走、秀吉に屈服することとなった。

このとき、秀吉に薩摩の領有を許されて、島津氏は秀吉の朝鮮出兵にも協力することとなるのだが、それより前に家久は世を去ってしまった。

降伏から間もない六月五日、家久は急死したのである。死因については、豊臣方の毒殺とも、自刃ともいわれ、はっきりしていない。

突然死の真相は？

秀吉への降伏の際、家久は豊後から敗走していったん佐土原城にこもったが、勧告にしたがって日向野尻の豊臣秀長の陣に赴き、降伏した。このとき、佐土原の本領を安堵《あんど》され、豊臣大名に取り立てるという朱印状を与えられている。秀長について上方に向かうこと、人質を出すことが決まっていた。

ところが、野尻から佐土原城に戻った家久は、数日後に重篤な状態に陥り、四十一歳にして急死してしまう。その死因は何だったのだろうか。

毒殺と言い切っているルイス・フロイスの『日本史』

島津家の史料では、「秀長に鴆毒《ちんどく》を盛られ毒殺された」としている。秀長とともに食事をした際、ヒ素を主成分とする毒を盛られたというのだ。

宣教師ルイス・フロイスの著した『日本史』にも、「薩摩国王の弟で勇敢な戦士」の家久に関する記述がある。将来、家久が何か策謀を仕組むおそれを払拭するため、宴席を設けて毒を仕込んだ盃を空けさせ、結果、三日後に毒による明らかな兆候を示しながら家久は死亡したと言い切っている。

秀長に従うとして出頭した家久だったが、何かをきっかけに秀長を不安にさせ、亡き者とされてしまったのだろうか。その直前に、義久が豊臣に従うようにと家久に分別を説く書状を送っており、家久に不穏な兆候を読み取っていたとも考えられる。

また一方では、家久が病を患っていたことを示唆する秀長の家臣から義久への書状もある。自害して果てたとする説もあり、まだまだ謎が多い。

義姫が起こした「伊達政宗毒殺未遂事件」の真相とは？

小田原攻め出陣の前日、母親に殺されそうになった伊達政宗

会津・陸奥を平定した伊達政宗だったが、豊臣秀吉が全国制覇に王手をかけると、ついに秀吉の軍門に降《くだ》ることを決めた。天正十八年（一五九〇）、北条氏を滅ぼす小田原攻めに参加せよという秀吉の要請を受け、重い腰を上げたのである。

ただし、出陣前に思わぬ障壁が待ち受けていた。一言でいえば暗殺されかかったのだが、その首謀者にして実行役が何と自身の母・義姫だった。

政宗は出陣の前日、黒川城西館に招かれ、母のもてなしを受けた。御膳の後、「油入りのお菓子」「膾《なます》」などと勧められたものを飲み下したが、すぐに吐き出した。毒を盛られていたのだ。解毒剤の撥毒丸《はつどくがん》の服用により大事に至らずにすんだが、何事かと徹底的に調べられたのはいうまでもない。

その結果、明らかになったのが、母の義姫による「政宗毒殺計画」であった。白状した者によって、政宗をあの世に送り、その弟の小次郎に後を継がせようとしていたという計画が浮上した。義姫は政宗を手にかけるほど嫌っていたのだろうか、それとも小次郎への偏愛ゆえのことだったのだろうか。

◇伊達家のために政宗は死すべきと母は考えた!?

義姫が何より重んじたのは、伊達家の存続だったと考えられる。秀吉のもとに馳せ参じるのを拒み続け、怒りを買う一方の政宗では、ようやく小田原平定に出ていったところで秀吉から許されることはあるまいと考えたのだ。

そして、秀吉に処刑され、領地が没収されるくらいなら、我が子の命を自ら奪い、もうひとりの子を当主に据えようと計画したのである。義姫の兄の最上義光《もがみよしあき》はすでに上洛し秀吉に降っているから、口添えしてもらえば何とかなるとの目算であった。

政宗の弟の小次郎は、このとき十三歳、はたまた十七歳であったとされる。当人の思いが及ばぬところで母の計画は進められていたのだが、翌々日に罰せられたのは小次郎であった。母を殺めることはできないからと弟を処刑し、政宗は涙を流したと伝えられる。義姫は実家である最上家の本拠・山形城へ逃れた。

この母による暗殺計画には、小次郎への偏愛が絡んでいるとする説もあるにはある。政宗は五歳のときに天然痘にかかり、右目を失い、顔面が崩れてしまった。それがゆえに屈折し、荒々しい気性となったため義姫はそんな政宗を疎ましく思うようになり、小次郎ばかりをかわいがっていたというのだ。

ただし、この小次郎偏愛説は、独眼竜政宗の生涯をさらにドラマチックに仕立てるための創作ではないかとみられている。その根拠として挙げられるのが、義姫が命がけで伊達家と実家の最上家の間に割って入ったエピソードである。

それは天正十六年（一五八八）のこと、領土拡大に燃える政宗は母の兄である山形城主の最上義光と国境で対峙していた。このとき、義姫は輿に乗って両者の間に割り込み、「私を斬ってから戦え」と座り込んだのである。そのかいあって、両者は兵を引き、和議を結ぶことで落ち着いた。

母子の関係が険悪でなかったことは、政宗がその後も山形の母を案じ、書状を送っていることからもわかる。後年、最上家が改易となった際には、寄る辺のなくなった母を引き取っている。

秀吉政権のミステリー！なぜ千利休は切腹させられたのか？

不遜不敬の罪の裏には利休の娘への横恋慕があった⁉

千利休といえば、知らぬ人がいない茶人。侘び茶を大成し、茶の湯の形式から作法、道具や懐石などあらゆる面を完成させた人物である。

利休は茶の湯にことのほか入れ込んだ織田信長に続き、豊臣秀吉に取り立てられ、天下一の茶人として揺るぎない地位を築いたかに見えた。

秀吉は茶会を政治にも利用したが、それは利休という側近の存在があってこそ実現したことである。利休にしても、秀吉の力を背景にして、茶の湯を興隆へと導くことができた。

だが、力が強まれば、それだけ反発も強くなる。利休を疎ましく思う勢力が出てきたうえに、秀吉との関係にも亀裂が生じ始め、天正十九年（一五九一）二月、ついに

千利休の木像が安置された大徳寺の山門

切腹を命じられ、利休は花と散った。

　切腹の理由については諸説あり、いまだ定まっていないのだが、直接的な理由として有名なのが大徳寺の山門に関するもの。茶の湯とゆかりある大徳寺の門の上層を利休の財力で増築し、楼上に自身の木像を安置したことがきっかけとなった。

　楼上ということは、秀吉が山門をくぐる際、利休像の下を歩くことになる。これが秀吉の怒りをかい、不遜不敬の罪をとがめられたのである。

　怒りの背景には、秀吉が利休の娘に横恋慕し、側室に迎えようとしたが断られたことがあるとも世間では早くからうわさされていた。

ほかに、茶器の好みが合わず、秀吉の派手好きを利休が批判的に評価していたことが影響したともいわれる。

この年の前月には、秀吉の異父弟・秀長が病死している。利休は秀長と懇意にしていたから、豊臣家中における大きな理解者を失ったことになる。

三成とは対立、家康のスパイになった？

さらに、博多奉行であった石田三成《みつなり》の影も背後にちらつく。

豪商・神屋《かみや》宗湛《そうたん》ら博多商人との関係が深い三成は、その利権拡大のため博多に近い朝鮮、中国に進出すべしと唱えていた。

これに対して、利休は堺の町衆の生まれだ。堺商人たちは利休を通じて海外進出はフィリピン、タイへと、東南アジア路線を主張していた。

加えて、ここに徳川家康がからむとする説もある。歴史学者の樋口清之氏は、利休は家康のスパイだったが、それが露呈して死を賜ったという説を発表している。

当時、秀吉は大坂の経済発展のため、堺商人の移住を進めていた。大坂の重要性に気づいた家康は、利休を通して堺商人とつながろうと考え、密かに利休を諜報活動へと引き込んだというのである。

◇利休像のはりつけ事件が示すもの

利休は秀吉の傍らに仕え、内部事情に通じているうえ、茶会にはさまざまな大名が参加するから諸国の情報も入る。

スパイとして格好のポジションだ。利休にしても、家康と水面下でつながっておくことは将来の保障となりうる。

秀吉から堺での蟄居《ちっきょ》を命じられた利休は、周囲に勧められても許しを請わなかった。言い訳せずにいるうちに、大徳寺の利休像が市中に引き出され、はりつけにされる珍事が起きた。

これを三成流の秀吉への催促と解釈する人もいる。早く処刑するように背中を押されたのか、その三日後、利休は京都に戻され、切腹した。

棄教したはずの千々石ミゲルの墓で見つかった意外なもの

帰国した天正遣欧使節を待っていたキリシタン弾圧

イエズス会宣教師ヴァリニャーノの思惑と、キリスト教を取り巻く時代の波に翻弄され、苦難に次ぐ苦難をしいられたのが、天正遣欧使節の面々である。

九州のキリシタンである四人少年たちがヨーロッパに向けて旅立ったのは、天正十年（一五八二）二月のこと。イエズス会の総長代理として来日していたヴァリニャーノが帰国間際に思い付き、大急ぎで集めたメンバーだった。少年たちを連れて行って日本が布教の場として有望であることを示し、経済的支援を引き出そうという目論見である。帰国後は少年らに西洋文明のすばらしさを広めてもらえばいいと考えていた。

正使となるキリシタン大名の血縁者を有馬のセミナリヨで探したところ、伊東マンショと千々石《ちぢわ》ミゲルが見出された。マンショは日向の領主伊東家の分家の出身とされ、

右上が伊東マンショ、右下が千々石ミゲル、左上が中浦ジュリアン、左下が原マルティノ

大友宗麟の縁者であったとされている。ミゲルは千々石直員《なおかず》の子で、有馬晴信の従弟、大村純忠《すみただ》にとっても甥にあたる人物だった。

副使にはセミナリヨの成績優秀者二名（原マルチノと中浦ジュリアン）が抜擢された。

一行はマカオ、インド、アフリカ大陸をまわり、二年半をかけてポルトガルに到着した。

マドリードでスペイン国王に謁見し、ローマ教皇に謁見。遠い国から訪れた少年たちはヨーロッパ各国を歴訪して大変な評判となった。

少年たちが後にした日本では、劇的な変化が起きていた。出発の四カ月後には織田信長が本能寺の変に倒れ、当初はキリシタンに好意的だった秀吉が九州を制圧すると禁教令を出したのである。

再び来日するヴァリニャーノとともに天正遣欧使節が帰国したのは、天正十八年（一五九〇）七月。続いて徳川家康が天下をとると激しいキリシタン弾圧が始まることとなった。二十代の青年に成長していた四人には過酷すぎる状況である。

千々石清左衛門と名乗った

マンショは迫害のなか布教を続け、幕府が禁教令を出した慶長十七年（一六一二）に病死した。

副使を務めた原マルティノはマカオに追放され、中浦ジュリアンは弾圧下でも布教を続け、穴吊りの刑で殉教している。

ひとり棄教したといわれてきたのがミゲルであった。イエズス会を脱会して棄教し、洗礼名を捨てて千々石清左衛門と名乗るようになったという。

晩年については知られていなかったが、長崎歴史文化博物館研究グループリーダーを務めていた大石一久氏が諫早《いさはや》市多良見《たらみ》町で石碑を発見。建立者としてミゲルの子の名があり、さらにミゲル夫妻の戒名とみられる刻字も残されているので、ミゲルの墓として確実視されている。

信仰は捨てていなかった？

そしてこの墓から発見されたのは、棄教したという事実をくつがえしかねない副葬品の数々であった。

その後の調査で歯や骨片が見つかったほか、注目を集めたのが平成二十九年（二〇一七）に発見された小さなガラス玉だ。穴の開いた五十九個のガラス玉はロザリオとみられ、これが副葬品であるなら彼は生涯キリシタンだったことになる。青や白などカラフルな五色であり、仏教の数珠《じゅず》とは考えにくい。ローマ教皇に謁見した際に贈られたロザリオではないかとの説も出されている。

一帯は潜伏キリシタンがきわめて多かったことが大村藩の記録にもある。もしロザリオなら、ひとり信仰を捨てたように言われてきたミゲルの人物像が、大きく変わることとなる。

石田三成の挙兵は家康の誘導によるものだった！

◇石田三成と上杉景勝の間に共同謀議があった？

慶長三年（一五九八）に豊臣秀吉が世を去ると、徳川家康は次々に謀略をめぐらせ、権力を一手に握ろうとした。豊臣家の掟が破られ、秀吉の遺言が軽視されることに怒りを募らせる反家康勢力は、謀反の疑いをかけられるなどして、ひとり、またひとりと屈服させられていく。

なかでも五奉行筆頭であった石田三成は反家康の急先鋒だったが、政権内の対立に敗れて失脚し、居城の佐和山城での閉居に追い込まれた。家康はまんまと大坂城西の丸に入り、天下取りに向けてさらなる権力掌握策を講じ始めた。

三成は打倒家康の連合軍を結成すべく、有力大名たちに密かに働きかけていた。

一方、越後から会津に移封された上杉景勝は、領内の城を修築し、武具を調達するなど軍備増強を進めて、家康との対決姿勢をあらわにした。糾弾されても上洛を拒み、強硬姿勢をとる景勝に対し、慶長五年（一六〇〇）六月、家康は諸大名を率いて討伐に向かった。

この会津出征が発端となり、関ヶ原の戦いが起こるわけだが、一部では三成と景勝が共謀して東西で挙兵し、家康を挟み撃ちにする計画があったといわれている。

その根拠とされるのが、三成が景勝の重臣・直江兼続とかねてから親しくしていたこと。賤ヶ岳の戦いの後の秀吉と上杉家の和睦も、景勝の会津移封にあたっても、ともに働き力を尽くしあった仲だ。秀吉没後に上洛した際、ふたりが接触していても不思議はない。

反転した家康を背後から攻めることはしなかった景勝

では、家康は東西から挟み撃ちにされる可能性を予期していなかったのだろうか。

これについては、家康の戦略だったといわれている。家康が狙うのは天下取りだが、理由なく大坂城を攻めたら謀反になる。諸大名と世論が納得する道筋を描く必要があった。上方を留守にすれば、隙を狙って三成は確実に挙兵する。それを利用して反対勢力を一掃する腹だったということだ。

上杉の征討にしても、家康は諸将を大坂城に召集し、景勝が上洛しないのは秀頼への謀反であり、五大老のひとりとして征伐すると宣言した。秀頼から軍資金と兵糧を与えられ、豊臣家のために戦うという形を演出している。

一方の三成も、家康のそのような戦略は見えてはいたのだろう。それを承知のうえで、策略を練りに練り、自ら家康の誘いに乗ったのだといわれる。それはもちろん勝算ありと読んでいたからだ。三成は毛利輝元を総大将とし、島津義弘、立花宗茂、小西行長《ゆきなが》、宇喜多秀家《うきたひでいえ》らを取り込み、西軍を結成。七月十七日の挙兵後、八月に伏見城を攻略すると、岐阜へ向かった。この知らせを受け、家康を中心とした東軍が結成され、東海道を西へ取って返し、関ヶ原で対峙することとなる。

こうして三成と景勝は、東西で呼応するように反家康ののろしを上げたのだが、共同作戦を裏付ける確かな史料はなく、疑問視する人が多い。両者の距離を勘案すると、うまくタイミングをとるのは至難の業である。西軍の挙兵に対して家康が反転したあとも、これを景勝が背後から攻めることなく北上し、最上攻めにかかっていることから、三成と上杉勢がひとつのプランに沿って動いていたとは考えにくい。

島津隊はなぜ関ヶ原の戦いを傍観し続けたのか？

傍観を続けた挙句の敵中突破？

薩摩の島津義弘は、関ヶ原の戦いに石田三成率いる西軍として加わり、陣を構えていた。九州統一の戦いで軍功を重ね、朝鮮出兵の泗川の戦いでは五万の明・朝鮮連合軍を七千の兵で壊滅させたほどの戦上手である。では、そんな義弘が西軍に属した関ヶ原でも奮戦したかというと、そうとはいえない。

島津義弘の本領が発揮されたのは、もはや西軍の敗北が決定的となったときのこと、西軍の諸将が敗走を始めるなか、島津隊はこの苦境を脱するため、義弘は徳川家康の本陣へと突き進むようにして兵を率いて山を駆け下り、東軍が一瞬ひるんだすきに一気に駆け抜けたのである。これは島津の敵中突破として知られている。

そのような決死の策に出られたのは、合戦に加わらず、一団になって突き進むことができたからだ。合戦に参加していた場合、陣形はすでにバラバラに散っていただろうから、敵をひるませるほどの集団での突破はかなわない。

じつは島津隊は開戦後も乱戦には加わらず、三成からの督促もまったく無視していた。このため、島津の敵中突破は戦わずにいた怠慢によって成功したとする見方が生まれた。島津軍は形勢を黙って見ていた日和見だ、などと非難する声が根強くある。

それなら島津義弘が傍観に徹し、敵中突破を決断した理由は何だったのだろうか。東軍を驚かせたとはいえ、リスクは当然多大だ。東軍に追撃された島津隊は安全な場所までたどりついたとき、兵の九割までを失っていた。殿軍《しんがり》を務めた義弘の甥・豊久も討ち死にしている。無傷どころか甚大なダメージを受けている。

予備軍として待機している間に西軍の負けが確実に？

島津家の史料のなかでも信頼性が高い『旧記雑録後編』には、関ヶ原から生きて戻った家臣の覚書や手記などが収録され、島津隊の西軍での陣立を伝えている。そこには「二備」「二番備」「後陣」などと書かれており、敵が西軍に側面攻撃を仕掛けてきたときの備えであったとみられる。

つまり、出番が来たと判断されるまで予備隊として待機していたのである。臆病風に吹かれて傍観していたような批判のされ方とは、大きくかけ離れている。ましてや、小早川秀秋の裏切りにより西軍は総崩れした後となればすでに負けは見えている。もはや島津隊の出る幕はないとの判断しても不思議ではない。

日和見だとする批判的な見方は、その根拠として参戦を促しにきた三成の使者を追い返したこと、三成自身が参戦を要請しにきても拒んだことを挙げるが、大勢が決した後というタイミングを考えれば、当然の判断といえるだろう。

三成自身がやってきたのも、西軍が完全に崩壊する前に、最後の決戦に力を合わせて打って出ようという依頼だったのではないかと考えられる。しびれを切らしての要請とは程遠く、悲壮な願いに近いように見える。島津の千人弱の手勢で参戦したところで形勢を逆転させるだけの力はない。

三成は秀吉の甥である秀秋に離反され、島津方の信頼を失ったと考えることもできる。三成を信じ、豊臣家のためにと西軍に加わったものの、豊臣一族のなかから家康につく者が出てきたのだから、外様《とざま》が義理立てすることはないと判断しても不思議はないのである。

新説！　小早川秀秋は開戦早々に寝返っていた！

語り継がれる名場面

　関ヶ原の戦いの始まりといえば、多くの人の脳裏に浮かぶのは早朝の霧がたちこめた広大な野っ原を挟み、おびただしい数の兵が対峙しているところだろうか。

　慶長五年（一六〇〇）九月十五日、徳川家康率いる東軍と石田三成ら西軍による合戦は、以降の日本の歩みを決定づける天下分け目の戦いとなった。両軍合わせて十万を超えるスケールの大きさであり、これまで歴史小説でも時代劇でも繰り返し血沸き肉躍る描写がなされてきた。

　歴史ファンをうならせ語り継がれる名場面も多い。それは戦いの火蓋を切るところから始まる。福島正則隊が先陣とされていたにもかかわらず、開戦のきっかけをつくったのは、家康の近臣・井伊《いい》直政と家康の四男で直政の婿の松平忠吉。徳川家が先陣をと抜け駆けをして、西軍の宇喜多隊に向かって鉄砲を撃ちかけたという筋書きだ。

◇「抜け駆け」は創作だった？

確かに直政と忠吉は東軍の先手勢であったが、抜け駆けは創作と見られる。関ヶ原の戦いについては、脚色という範疇を大きく超えた創作が多いのだ。

そもそも布陣からして違っている。西軍はこれまで、三成が布陣する北西の笹尾山から、小早川隊のいる松尾山、東の南宮山にかけて、東軍を囲むように鶴翼《かくよく》の陣形を敷いていたといわれてきたが、これには根拠がない。実際には関ヶ原西部の山中に布陣していたとみられ、広大な野原でにらみ合っていたわけではないようだ。

どうしてそのようなことになったかというと、江戸時代の軍記物の内容がいつのまにか史実とされたためだと考えられている。

人々の興味をかきたて、心を揺さぶるための劇的な描写、ありもしない場面の創作が、陸軍参謀本部の『日本戦史・関原役』におさめられ、あたかも事実であるかのように浸透することとなったようだ。

近年になり、この時代の武将の書状など一次史料の検証が進み、実態とはかけ離れているとする白峰旬氏の新説が注目されている。

早々の裏切りでワンサイドゲームだった?

なかでも衝撃的なのが、西軍として布陣した小早川秀秋の動向である。これまでは家康方につくと密かに約束しながら、動こうとせず、家康が業を煮やして鉄砲を撃ってけしかけたと伝えられてきた。驚いた小早川の大軍が慌てて裏切りを決断し、松尾山を下って大谷吉継隊の側面に攻手をかえたかえたとこで、昼頃まで続いた一進一退の流れが劇的に変わり、西軍の敗北を決定づけたということだ。

これが新説になると、小早川隊は開戦と同時に家康方として攻撃に出たとする。何の逡巡《しゅんじゅん》もなく、早々に裏切っていたというのだ。

これは『十六・七世紀イエズス会日本報告集』に明記されたもの。夜明けとともに、西軍の前方にぽつんと布陣していた大谷隊に東軍本隊が攻撃を仕掛けて開戦すると、大谷隊の背後から小早川隊が襲い掛かって挟み撃ちにし、大谷隊を殲滅させた。この後、少し時間を置いて、山中に布陣していた西軍本隊への攻撃が開始された。西軍は想定外の展開に切り崩され、ほどなく壊滅。短時間のうちに東軍の大勝利で終わった

◈関ヶ原の戦いの時間軸

新説	
夜明け	徳川本隊が大谷隊を攻撃し開戦 小早川隊が大谷隊を攻撃し、壊滅させる
10:00	東軍の黒田隊、福島隊、徳川本隊が西軍主力に総攻撃をかける
12:00	西軍主力が壊滅 島津隊、敵中突破で逃走を図る

通説	
8:00	井伊直政の抜け駆けにより開戦
9:00	東軍諸隊が石田隊に猛攻を仕掛ける
10:00	西軍が善戦 徳川本隊が笹尾山へ前進
11:00	石田三成、松尾山の小早川隊に狼煙を上げる
12:00	徳川家康、松尾山へ向けて発砲 小早川隊、西軍大谷隊を攻撃
14:00	西軍崩壊。各隊撤退を開始
15:00	島津隊、敵中突破で逃走を図る

というのである。

これは「吉川広家自筆書状案」や近衛前久《さきひさ》の書状にも書かれており、石田隊の壊滅も開戦から短時間でのことだったようだ。そこに西軍中央の小西隊・宇喜多隊の善戦は存在しない。

西軍は関ヶ原に向かって駆け下り、東軍と相まみえるはずが、一方的に山中に押し寄せられて敗北を喫したのだという。これまでの劇的な決戦はどこへやら……。天下分け目の戦いの実相は通説と大きく違っていたのかもしれない。

「秀吉の後継者」から「天下の裏切り者」までの激動すぎる生涯

後継者候補から一転、排除すべき邪魔者に

関ヶ原で寝返ったことで知られる小早川秀秋。裏切り者、卑怯者といった形容がついてまわる武将である。

通説のように合戦の最中まで迷いに迷ったわけではなく、新説では開戦するや背後から大谷吉継隊に攻めかかり撃滅させたとされている。それでも、彼の生涯を追うと迷える秀秋像のほうがぴったりくるのも確かだろう。

秀秋は豊臣秀吉の正室・北政所《きたのまんどころ》（ねね）の兄の子。五男だったこともあり、早くに秀吉の養子となり、ねねのもとで育てられた。実子のいない秀吉は多くの養子を迎えたが、そのなかでもねねの血縁で利発ということもあり、特にかわいがられたという。

しかし、末は秀吉の後継者かとうわさが立つなか、秀秋はやりたい放題の男に育っ

てしまった。

叱る人もないまま好き勝手を許されていれば、増長していくのも仕方ないのかもしれない。

ところが、秀吉に嫡男が生まれるとすべてが激変する。秀秋が八歳の頃に淀殿が産んだ病弱な子は三歳で他界したが、その二年後には秀頼（拾《ひろい》）が誕生。もはや将来に期待をかけられるよりも、身の安全が危ぶまれる状況となってしまった。

秀頼を狂おしいまでに溺愛する秀吉は、愛息の邪魔者だけでなく、邪魔者になる可能性がある者まで排除しようとした。秀秋も消されるおそれがあった。

生き残りのためにとられた策が、羽柴の名を捨てること。継承者リストから降りて向かった先は、毛利家だった。中国地方を支配していた毛利氏もすでに秀吉に属し、宗家は元就から孫の輝元の代となっていた。

当初は跡継ぎのいない輝元の養子にという話だったが、元就の三男で輝元の叔父にあたる小早川隆景が養子にすることとなった。隆景は秀吉に信頼され、大老のひとりとなっていた人物だ。

毛利宗家を避け、小早川家が肩代わりしたのは、毛利本家にほかの血筋を入れたくないという純血主義からである。

◈小早川を名乗った後も……

では、小早川秀秋を名乗って安泰となったかというと、激動の時代の波をかぶり、身もだえすることとなる。

関ヶ原の戦いで毛利輝元は西軍の総大将格として大坂城に入っている。一方、養母ねねは反西軍。秀吉の死後、淀殿・秀頼母子が権力を握ると、ねねの元には徳川家康が接近していた。

秀秋自身も家康には恩があった。秀吉の怒りにふれ、葬られそうになったとき、とりなしてくれたのだ。

こうした微妙な立場は、西軍に加担しながら土壇場で裏切るという選択に少なからず影響を与えていたのではかなろうか。

こうして戦いの最中で家康との結びつきを重んじ、東軍についた秀秋だったが、その二年後、二十一歳で早世した。

裏切り者のそしりを受け、背後から攻め滅ぼした大谷吉継の亡霊にさいなまれ、ノ

小早川家の系図

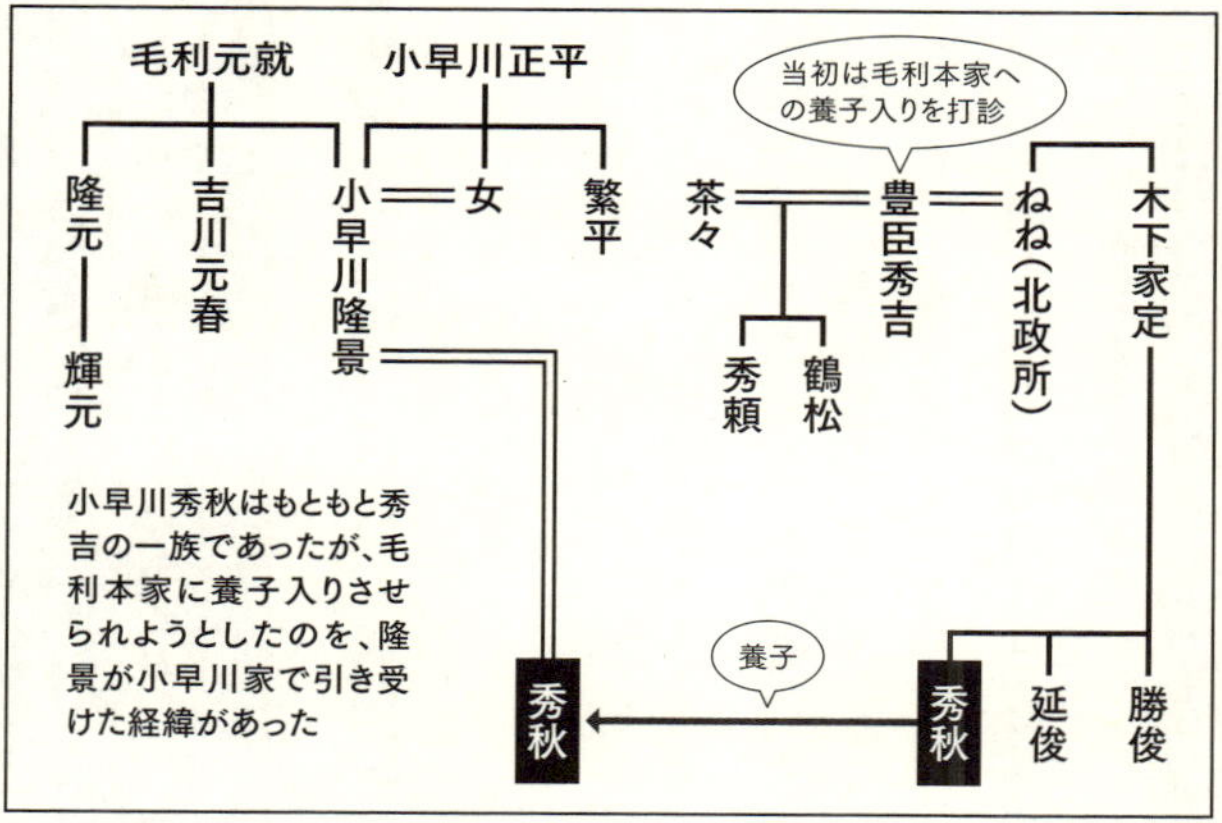

イローゼになり狂死したともいわれている。関ヶ原の戦功に家康から備前・備中・美作《みまさか》の五十万石を与えられたが、自責の念から行状は乱れ、酒に溺れたなどとも伝えられる。

血筋を守るためだった？

一方には、毛利家による毒殺説もある。純血主義を貫くため、養子に迎えた秀秋一代限りで終わるよう抹殺したというのである。

秀秋に子どもがなく家名断絶となっても、毛利家の血筋を守ることが優先されたというのだが、もしもこれが本当であれば、秀秋も非難ばかりでなく同情を集めるようになるかもしれない。

スペインを抱き込んで幕府転覆？慶長遣欧使節の企みとは？

政宗は「奥州王」にして次期国王？

慶長十八年（一六一三）、仙台藩主・伊達政宗はスペイン、ローマへ向けて遣欧使節を送り出した。宣教師を仲介役としての親善使節である。

政宗はいったい何を考えていたのだろうか。イエズス会宣教師がキリシタンの少年たちを連れて行った天正遣欧使節は宗教的目的がはっきりしているが、政宗は信徒ですらない。まだ豊臣家が存続していたとはいえ、すでに徳川幕府の体制がかたまりつつあり、キリシタンの排除も始まっていた頃の話である。

スペイン国王に宛てた親書とヨーロッパに残る史料には、〝遅れてきた英雄〟といわれる政宗の野望が読み取れる。

そこでは自らを「奥州王」と名乗り、日本の次期国王になる立場であり、その準備

石巻市に復元された和製のガレオン船サン・ファン・バウティスタ号

もできているとしている。

その上でスペインの植民地であるメキシコとの通商を求め、最恵国待遇と領事裁判権を認めることや、新教の国であるオランダ、イギリスとは国交断絶すること、イエズス会ではなくフランシスコ修道会の宣教師を派遣すること、長崎のほかにも仙台に新たに教区をつくることなど「九カ条条約案」を提案していた。

だが、その真の目的はといえば、江戸幕府を打倒し、政権を奪還することであったという見方も成り立つ。ヨーロッパ側に残る史料には、スペイン国王の同意を得れば、徳川家を倒し、将軍になるつもりであると伝え、同盟の締結を求めたと記されているという。

つまりこの時点で政宗は、まだ天下取りの夢をあきらめていなかったのだ。

では、なぜ正使として支倉《はせくら》常長を抜擢したのだろうか。朝鮮出兵、九戸《くのへ》の乱で発揮された外交能力を評価しての抜擢ともいわれるが、スペイン国王とローマ教皇を抱き込み、現体制を転覆させる計画にのせるとは大変な役目である。

支倉常長の抜擢は大物ではなかったから?

残念ながら政宗の野望はついえた。

当然といえば当然だが、スペインに通商を拒否され、ヨーロッパでの交渉は失敗に終わる。常長ら一行は帰途についたが、七年の間に日本の情勢は大きく変わっていた。大坂冬の陣・夏の陣があり豊臣家は滅亡、キリシタン禁教令が敷かれ、一行は帰国するにも苦労した。正使の常長は元和六年(一六二〇)にようやく仙台に戻り、その後は隠棲を余儀なくされた。

この政宗の大きな賭けを幕府がまるで気づかずにいたとは考えにくい。それにしても謀反の計画をヨーロッパの強国にもちかけるとは、どうにも実現の可能性が薄い話であり、幕府も証拠の欠如からか直接的にとがめることはなかった。

政宗の野望を阻止した幕府

それでも、使節の派遣と前後して、政宗と縁の深い人々の失脚が続いた。政宗の娘婿で家康の六男・松平忠輝もそのひとり、越後の高田藩主となっていたが、改易、追放されている。大坂夏の陣への遅参などが理由とされるが、天下を政宗が担うとすれば、最も担ぎやすい人物であり、政宗の野望を打ち砕こうという幕府の意図が見え隠れしないでもない。

正使についても、わずか六百石の支倉常長ではなく、一万石クラスの重臣を選んでいたら、大変なことになっていたかもしれない。政宗はあえて重要人物を選ばないほうが、失敗しても何事もなかったように終息させられると計算したのではないかとも考えられている。

炎のなかの千姫救出作戦はまったくの虚構だった!?

大坂城から救い出された姫がやがてはご乱行?

戦乱の世を生きたとはいえ、あまりにドラマチックなのが千姫の物語。驚くべき展開にまさかと疑いたくなるが、それも当然、創作された話が多い。なぜそのようなことになったのだろうか。千姫は二代将軍・徳川秀忠の長女。家康の孫娘だ。慶長八年(一六〇三)、徳川・豊臣両家の和睦のために、豊臣秀頼に輿入れした。まだ七歳の幼子であり、秀頼も十歳のときの政略結婚である。

嫁ぎ先の姑、すなわち秀頼の母は淀殿。よく知られる通り、淀殿は浅井長政と織田信長の妹の間に生まれた三姉妹の長女だ。三女のお江《ごう》の嫁ぎ先が秀忠であり、千姫の母である。つまり、姑と嫁は伯母と姪の間柄でもあった。

それなら淀殿にさぞかわいがられただろうと思いきや、そうはいかない。その影響なのか、夫の秀頼にも相手にされず、孤独を募らせていたとも伝わる。

両家の間の亀裂は深まるばかりで、十一年後にはついに大坂攻めが始まり、語り継がれる劇的展開へ至る。出だしの舞台は陥落間近の大坂城。次々に武将が倒れるなか、淀殿は死なばもろともと千姫の振袖を膝で押さえつけ、逃さなかった。侍女のひとりがすきを見て逃がし、家康が送り込んだ旗本・坂崎出羽守《でわのかみ》に救い出される。家康は孫娘を何とか助けたいと、救出できれば一万石と千姫を与えると約束したという。

出羽守は火の中に飛び込み、顔に火傷《やけど》を負いながらも救出に成功した。ところが、千姫は火傷の傷を嫌い、美男の本多忠刻にのぼせ上り、結婚してしまった。これに怒った出羽守は千姫奪還を図って命を落とす。千姫は忠刻との間に子を授かったが、忠刻は早死にしてしまう。

千姫は江戸に戻り、麹町の吉田御殿で暮らしたが、色にふけり、あまりの乱行に最後は将軍に自害を命じられたという。実に波乱万丈だ。どこまでが真実なのだろうか。

再婚相手の死後に出家したのが事実だった

実際には、千姫が城を出たのは淀殿と秀頼の助命嘆願のため。坂崎出羽守は脱出交渉にあたっていた武将と知り合いで、たまたまその場に居合わせて千姫を預かり、家康のもとへ送り届けただけに過ぎない。火中に飛び込んでもいないから、火傷も負っていない。城内で火の手が上がる前日に千姫はすでに脱出を果たしている。

出羽守が千姫を奪おうとしたことは事実だが、我がものとするためではない。そもそも出羽守では千姫と身分が違いすぎる。家康から千姫に公家の再婚相手を見つけるよう言いつかり、ちょうどよい人物を探したにもかかわらず、忠刻に輿入れが決まったので、面目をつぶされた出羽守が花嫁行列に飛び入り、千姫を連れ去ろうとしたのだと新井白石の『藩翰譜《はんかんふ》』には書かれている。

吉田御殿については、麹町に吉田という家もなく、東海道吉田宿の遊女の話が混ざって面白おかしくつくられたもの。歌舞伎の演目になるなどして広まり、まるで事実であるかのように浸透してしまったらしい。

千姫の名誉のために修正すると、忠刻を亡くして江戸に戻ると出家し、江戸城の竹橋御殿で七十年の天寿を全うした。秀頼と側室の間に生まれた娘を養女にして育て上げたり、三代将軍・家光の第三子綱重の養育にあたったりと、ドラマ性には欠けるかもしれないが、徳川家のために立派に尽くしている。

淀殿のスキャンダル！秀頼の父親は本当に秀吉だったのか……？

羽柴秀勝なる実子、さらには娘もいた!?

豊臣秀頼は文禄二年（一五九三）八月三日、秀吉の次男として生まれた。母は淀殿。ふたりの間に生まれた長男の鶴松は生来、病弱で三歳で世を去っていた。それから二年、いったんはあきらめた嫡男の誕生に、秀吉がどれだけ喜んだかはその後の異様なまでの溺愛ぶりと淀殿の増長ぶりが物語っている。

それにしても、大変な好色家で知られ、十数人も側室を迎えながら、身ごもったのが淀殿だけというのは誰もが不思議に思うところだ。正室のねねとの間には子ができなかったにしても、誰かひとりくらい子宝に恵まれて当然ではなかろうか。

実は、ほかにも秀勝という実子がいたとする説がある。滋賀県長浜市の妙法寺には「羽柴秀勝」の肖像画と墓があり、市内の徳勝寺には秀勝の位牌がある。天正四年

（一五七六）に七歳くらいで早世したとされ、母は側室の松の丸殿と伝わるが、松の丸殿が側室となったのは、天正十年（一五八二）のことで時期が合わない。

秀勝は秀吉の姉「とも」の子で、秀吉が養子にしたとする説もある。その後も、複数の子が養子にされて秀勝と名付けられた形跡があり、最初の秀勝だけは実子だったともいわれる。母は長浜城の南殿に囲っていた側室とみる説もある。

さらに、天正二年（一五七四）に生まれた娘がいたとする説もある。長浜市の長浜八幡宮にある阿弥陀三尊の懸仏《かけぼとけ》の裏側に、秀吉の娘の息災延命を祈り奉納と彫り込まれているのだ。残念ながら、名前も母が誰かもわかっていない。

秀吉の実子が長身でイケメンというのはありえない？

こうしてみると、淀殿だけが奇跡的に懐妊したわけではないとの見方もできる。ただし、過去にほかの子が生まれていたとしても、それは秀頼誕生の二十年も前の話。秀頼は秀吉が五十七歳のときの子である。いまとは比較にならないほど短命だった時代に、五十七歳で子どもができるのかと疑問視する人がいても不思議ではない。

しかも、秀吉は小柄で顔かたちに強いコンプレックスがあったのに対し、秀頼は色白で長身のイケメンだったという。

こうしたことをつなぎ合わせ、江戸時代に入ると、秀頼は淀殿がほかの男と関係してできた子ではないかというスキャンダラスなうわさが広まった。そうなると、当然、気になるのが、相手の男はだれかという問題である。

淀殿は自由に外出して逢瀬を楽しめる身ではないし、城中で接近できる男性も限られる。乳母の大蔵卿局《おおくらきゅうのつぼね》の息子は色白の美青年ぶりがどことなく似ているとか、いやいや石田三成に違いないなどと、人々は好き勝手に推測した。そうやって、おもしろおかしく話題にするうちに、まるで本当に隠された秘密であるかのような印象が広まっていったのである。

人々がスキャンダル好きなのは昔も今も同じ。これは豊臣家が滅びた後も庶民の間で太閤殿下の人気があるため、貶めようとして徳川幕府がまことしやかなうわさを流したのではないかとみられている。

とはいえ、タイミングとしては秀吉は朝鮮出兵で不在がちの時期だったが、天正二十年（一五九二）の七月二十九日から九月末ならば、秀吉は母の病の知らせに城に戻っていた。計算は合うのである。やはり家康の言いがかりだったのだろうか。

鹿児島へ渡り生存⁉ 真田信繁討死の真相

「日本一の兵」と称賛された死に様ながら落ち延びた？

戦に落ち武者伝説はつきもの。特に武勇の誉れ高い武将となると、どこかで生きていたかもしれないとなれば自ずとロマンがふくらむ。真田幸村の名で知られ、現在でもファンの多い真田信繁もそのひとりだ。

よく知られる通り、関ヶ原の戦いに際し、真田家は父・昌幸と信繁が西軍につき、兄の信之は東軍についた。さかのぼると昌幸は豊臣秀吉に仕え、長男の信之は徳川家康の家臣・本多忠勝の娘を妻とし、家康と近い関係になった経緯がある。

親兄弟が分かれて戦ったのは、真田家を何としても存続させるため。父と信繁は上田城に籠城して関ヶ原に向かう徳川秀忠の軍勢を足止めしたが、このとき信之は秀忠に従い上田城を攻撃している。

この信之の忠義と功があったからこそ、戦後父と弟の助命が認められ、昌幸、信繁は高野山麓の九度山《くどやま》に流されることとなった。

真田信繁の肖像画

昌幸は十一年目に他界し、それから三年後の慶長十九年（一六一四）、大坂冬の陣で信繁は豊臣秀頼に招かれ大坂城に赴いた。

だが、いざ大坂城に入ってみると家康軍二十万に対し、大坂方は十万。しかも指揮をとれる武将は少なく、信繁の討って出ようとの主張は通らず、籠城が決まる。そこで信繁は大坂城南側の惣構の一画に真田丸を築き、徳川勢に大打撃を与える軍功を挙げたのだった。

いったんは和議が結ばれ、翌年、迎えた大坂夏の陣、信繁は壮絶な最期を遂げることとなる。それはある島津藩士が「日本一《ひのもと》の兵《つわもの》」と称賛するほど見事な死に様であった。

そこまで見事に死に花を咲かせながら生存説が生まれたのはなぜだろうか。

次々と献上された信繁のトレードマークの兜をかぶった首

冬の陣での信繁の活躍に感服した家康は、叔父・真田信尹《のぶただ》を通じて寝返り工作をするが、信繁はてこでも動かなかったという。

大坂城は外堀のみならず内堀まで埋められ、翌年五月の夏の陣ははじめから勝敗が見えたも同然であった。

大坂方の武将が次々に討ち取られるなか、信繁は最後の勝負に出た。一万あまりの兵を率い、正面の松平忠直隊一万三千にむけて突撃したのである。予期せぬ猛攻に徳川勢は大混乱に陥り、本陣さえも真田勢の攻撃にさらされた。総大将の家康も一時は切腹まで頭をよぎったという。

信繁の猛攻も形勢を完全に逆転させるまでには至らなかった。死を覚悟し、手傷をものともせずに奮闘した信繁もやがて負傷と疲労に力つきる。

それならば多くの兵が間近で死にざまを見ていたことになるのだが、ここで混乱が起こる。信繁には何人もの影武者がいたのだ。

信繁のトレードマークである鹿の抱角の兜《かぶと》をつけた首をとったと、あちこちで声が上がった。我こそは信繁を討ち取ったと名乗りをあげる者が次々と現れたのである。

「生存説」が伝説を生んだ

実際に信繁にとどめを刺したのは、松平忠直の鉄砲頭・西尾仁左衛門といわれるが、首検分をしても確かなことはわからなかったようだ。こうして真田幸村生存説が生まれる。それは、秀頼を奉じて薩摩まで落ち延びたとする話だ。

「花の様なる秀頼様を、鬼のやう成る真田が連れて、退きもの（退）いたり加護（鹿児）島へ」

そんな歌が京都で流行した。真相は定かではないが、幕府は大目に見ていたと松浦《まつら》静山《せいざん》の『甲子夜話《かっしやわ》』に記されている。ほかにも、沖縄、秋田の大館に流れたとする伝説もある。圧倒的劣勢のなかにあって、徳川家康を追い詰めた真田幸村の名が、反徳川の反骨精神のシンボルとして、人々の心の中に生き続けた証であろう。

徳川家康は〝四人〟いた!?
天下人の替え玉疑惑

青年時代にすでにすり替わっていたとする説も

豊臣秀頼や真田信繁には、大坂の陣を生き延びたとする伝説がある。それとは対照的に、徳川家康には実はこのとき絶命したとする伝説がある。家康の死がうわさされたのは、このときばかりではない。七十五歳で没したとされる前に、ほかにも二度、死んで替え玉とすり替わったという伝説もある。

〝徳川家康〟と呼ばれた人間はいったい何人いたのだろうか。

若い頃からたどっていくと、まず青年期にすでに入れ替わったとする説がある。まだ家康と名を改める前、松平元康と名乗っていた頃の話だ。本物の家康が殺害されたことから、別の青年が替わりを務めることとなったという。この青年は下野《しもつけ》から駿府に流れ着いた祈禱師と田楽師の娘の間に生まれた子で、各地を物乞いしてまわる願人《がんにん》坊主に売られ、岡崎に戻った十九歳で家康になったとされる。

次が、関ヶ原の戦いで戦死したとする説。このときは用意されていた影武者が代わって表に出たというが、その根拠とされるのが子どもへの接し方だ。さして愛情など示さなかったそれまでと打って変わり、たいそうかわいがるようになったという。

確かに、関ヶ原の戦いで家康が死んでいたら、その後の形勢はまるで違ったものとなっただろう。あまりに影響力が大きく、死が隠されたとしても不思議はないだけに、説得力がある。そして、この次が大坂夏の陣である。

堺の南宗寺には家康の墓がある!?

それは夏の陣、最後の決戦の日だったという。家康の本営に真田軍が襲いかかり、家康は南方へと敗走。その途上、葬送の列に出くわし、家康は棺桶に身を隠した。

だが、追ってきた後藤又兵衛の目はごまかせず、大槍で棺桶を貫かれてしまった。致命傷を負った家康は、堺で絶命し、家臣により現在の堺市南旅篭町《みなみはたご》にある南宗寺に葬られた。すり替わったのは河内の六十六歳の農民だという。

実際に、南宗寺には家康の墓と記された碑がある。第二次世界大戦の空襲で南宗寺が焼ける前に開山堂の床裏にあって家康の墓と伝わってきた卵塔を再現したものだという。家康は史実上の死後、神格化され東照大権現となり、権現様とも呼ばれるが、寺の山門から北へ行く道も権現道と呼ばれている。さらには三代将軍・徳川家光が元和九年（一六二三）に上洛した際、南宗寺に墓参りに来たという話もある。

◇「食中毒死」で誰も罰せられなかった謎

だが、又兵衛は、この前日に道明寺の戦いで討死しているから、真田勢に追い散らされた家康を追いかけてきて刺すことはできない。南宗寺も夏の陣の前に焼き払われている。こうしたことから、秀吉びいきの大坂人がつくり上げた話ではないかと見られている。

家康の最期は、榧《かや》の油で揚げた天ぷらによる食中毒死とされているが、このときに天ぷらを勧めた京都の豪商・茶屋四郎次郎が咎められていないことも、影武者なり代わりの根拠とされる。もし本物なら罰せられたはずであり、徳川秀忠のもとで江戸幕府が安定したため、用済みとして消されたということになる。

加藤清正の死は家康による暗殺だったのか？

徳川幕府に従いながら豊臣家存続に尽くした清正

豊臣恩顧の武将、加藤清正。賤ヶ岳の戦いで「七本槍」のひとりとして活躍したことで知られている。肥後半国の領主となり、朝鮮出兵では勇猛な戦いぶりで恐れられた。しかし、吏僚として豊臣家を切り盛りする石田三成との関係が悪化。関ヶ原の戦いでは徳川家康方について九州における東軍の主力として戦った。

では、時勢を読んで豊臣から徳川に狡猾《こうかつ》に乗り換えたのかというと、そうではない。徳川幕府に服従して肥後一国の藩主となったが、豊臣家への恩義を忘れることはなかった。そもそも清正は秀吉と同郷で、母親同士が従妹《いとこ》だった。その縁で十三歳の頃から秀吉に仕え、数々の戦で功を挙げてきたのだ。秀吉への忠誠心は秀吉亡き後も変わらず、豊臣家の存続を願い、そのために尽力していた。

その証が、二条城での家康と秀頼の会見の仲介役を果たしたことである。家康が上洛した際、二条城に秀頼を呼びつけたのは慶長十六年（一六一一）のこと。秀頼は十九歳になり、うかうかと出て行っては殺されると大坂城では反対の声が強かった。だが、家康の命令を拒めば拒んだで、豊臣を滅ぼす口実を与えることになる。清正は浅野幸長《よしなが》とともに命に代えて秀頼を守ると約束し、会見を実現させた。秀頼に付き添い、万一に備えて懐に短刀を忍ばせていたが、その短刀はまだ虎之助と呼ばれていた頃に秀吉から賜った秘蔵の銘刀だったという。

無事に会見を終わらせる大役を務めた清正だったが、その直後帰らぬ人となる。家康による暗殺説もあるのだが、何が起こったのだろうか。

◇毒饅頭か梅毒か？

清正の身体に異変が起きたのは、秀頼を大坂城に送り届けた後、肥後へもどる船上だった。何とか帰りついたが容態は悪化し、ひと月後に死去。その原因として、家康が二条城で出した毒饅頭《まんじゅう》のせいだとする話が、よく知られている。

徳川に従っているとはいえ、豊臣に忠義を尽くす清正は邪魔な存在ではあっただろう。豊臣恩顧の大名のなかでも実力があり、基盤固めを進める家康としては当然、警戒していたに違いない。巨城熊本城も、いざというときには秀頼を迎えて徳川勢と一戦を交えるべく高い防御力を持つ城として築いたものといわれるほどだ。実際に清正の没後、家康は豊臣家を滅ぼす策謀を本格化させていく。

一方では、清正は梅毒説もある。松平忠明《ただあきら》の『当代記』には「腎虚の病」とあり、これは性病による死を意味している。梅毒はアメリカ大陸に渡ったコロンブスが帰国してヨーロッパに持ち込んだが、それがユーラシア大陸を横断し、朝鮮出兵により日本に到達したとみる向きもある。豊臣恩顧の池田輝政らも梅毒で命を落としたといわれる。

だが、梅毒で命を落とすのは感染から長年経た後であるし、それまで清正にそれらしき症状が出ていた形跡はない。直前まで重要な役目を果たし、ハードワークをこなしているところを見ると、梅毒とは考えにくい。

そうしたことから、現在では脳卒中だったとする説が有力視されている。日頃から不養生であったたし、倒れた直後に口がきけなくなっているのもあてはまる。激務の末に大役を果たしたあとの安堵が清正に死をもたらしたのかもしれない。

なぜ退路のない真田丸が大坂冬の陣の舞台となったのか？

徳川軍に被害を与えた真田丸

慶長十九年（一六一四）、豊臣秀頼に招かれた真田信繁は、配流《はいる》生活を続けていた高野山麓の九度山を離れ、大坂城に上った。そして、徳川家康が二十万の兵で城を包囲した大坂冬の陣で大活躍をする。

舞台となったのが真田丸だ。信繁が持てる戦術と築城術のすべてをつぎ込んで築いたといわれる砦である。大坂城は北と東、西の三方向には川や湿地などがあり、堅固な守りとなっているが、南側は空堀があるのみ。その外側には河内平野が広がっており、城の唯一の弱点となっていた。

真田丸はこの大坂城の本丸、二の丸、三の丸の外側にある総構（外曲輪《くるわ》）、そのさらに南の外側に張り出すように築かれた。一八〇メートル四方くらいの規模で、周囲

大阪市の三光神社に伝わる真田丸跡

を堀が囲んでいた。
大坂城を包囲した徳川軍は、真田丸の完成早々に攻撃を仕掛けてきた。前田利常、井伊直孝、松平忠直らの総攻撃だった。こんな小さな砦くらい簡単に落とせると考えたのだろう。
それこそ信繁の狙いであった。引き寄せられるように攻めてきた前田隊が堀、そして柵に着いたところで、一斉射撃を開始。堀柵には鉄砲を撃つための小窓が三十センチ間隔で設けられており、狙いすましてタイミングよく火を吹いたのだ。井伊隊、松平隊が続き、藤堂隊も押し寄せてきたが、ことごとく矢弾の餌食となったという
数千もの死者が空堀に積み重なり、徳川

軍は真田丸の周囲から退却していった。

この大坂冬の陣で最も激しい攻防が繰り広げられた真田丸の構造について、これまでの通説とは異なる新説が登場している。

◇大坂城へと退却できない独立した城だった⁉

通説では、真田丸は大坂城に接続した造りで、万一のときはスムーズに城内へ撤退できる出丸だとされてきた。形としては半円形に張り出した「馬出」構造の砦と考えられていた。

ところが、真田丸は出丸などではなく、城から独立した出城だったという新説が近年唱えられている。広島市立中央図書館に収蔵された江戸時代初期の城跡図面集『諸国古城之図』に、通説とはまるで異なる図面がおさめられているのだ。

その図面によると、大坂城と真田丸はつながっているどころか、深い谷に隔てられていた。従来は見向きもされなかった図面だが、時代ごとの等高線を調査した結果、真田丸跡地とされる上町台地と大坂城の間には当時、深い谷が存在していたことが判明し、にわかに信憑性が高まったのである。

形状についても、通説の半円状の砦ではないとする説もある。大坂の陣における諸隊の配置や戦況などを記した『大坂陣図絵図写《うつし》』に描かれた真田丸は、本丸・二の丸・三の丸からなる城の形をしているのだ。

武将としての「決意」と「戦略」

なぜ真田信繁は、退路のない危険きわまりない構造を選んだのか。

そこには信繁の決意と戦略が見て取れるといわれる。まず徳川軍に実兄の信之がいることで信繁に猜疑心《さいぎしん》をもつ者もあり、それゆえ危険な南平野口の防御を志願したのではないかと考えられる。

さらに、城郭研究科の千田嘉博氏は、孤立無援の小さな砦は敵が狙いを定めやすいターゲットとなると指摘。大軍を引きつけている間に、ほかの部隊が別の方面から討って出る作戦だったのではないかと分析している。

その実像については今後の研究が待たれるが、信繁の狙い通りに徳川軍に甚大なダメージを与え、真田丸は、真田信繁の名とともに戦国の終焉を飾る不朽の存在として語り継がれることとなったのである。

【参考文献】

『明智光秀　つくられた「謀反人」』小和田哲男、『関ケ原合戦「武将」たちの言い分』『負けた側にも正義あり　日本史「敗者」たちの言い分』以上、岳真也（以上、PHP研究所）／『日本史人物の謎100』鈴木旭・島崎晋、『歴史群像シリーズ35文禄・慶長の役』、『歴史群像シリーズ50戦国合戦大全［上巻］下克上の奔流と群雄の戦い』、『歴史群像シリーズ51戦国合戦大全［下巻］天下一統と三英傑の偉業』、『新歴史群像9本能寺の変―時代が一変した戦国最大の事変』、『決定版［図説］戦国合戦集　復元イラストで綴る詳細クロニクル』（以上、学研プラス）／『思わず人に話したくなる　間違いだらけの戦国史―あの話はホントかウソか―』小和田哲男・柴辻俊六監修（以上、新人物往来社）／『武田信玄合戦録』柴辻俊六、『戦国武将の手紙を読む』二木健一、『戦国武将に学ぶ情報戦略』『戦国武将に学ぶ処世術』津本陽一、『秀吉を拒んだ女たち』楠戸義昭、『戦国の武将と城』井上宗和（以上、KADOKAWA）／『伊達政宗のすべて』高橋富雄、『毛利元就101の謎』中江克己、『戦国うら史談』山本律郎（以上、新人物往来社）／『応仁の乱と日野富子』小林千草、『鉄砲伝来』宇田川武久、『戦国武将の実力　111人の通信簿』小和田哲男、『信長軍の司令官　部将たちの出世競争』谷口克広（以上、中央公論新社）／『日本史人物「女たちの物語」上』加来耕三・馬場千枝、『戦国三英傑に学ぶ人間管理術』加来耕三（以上、講談社）／『武田信玄―物語と史蹟を訪ねて―』

土橋治重、『毛利元就―物語と史蹟を訪ねて―』八尋舜右（以上、成美堂出版）／『老雄・名将直伝の指導力』早乙女貢、『城が見た合戦史』二木健一監修、（以上、青春出版社）／『織豊政権と東国大名』粟野俊之、『石田三成』今井林太郎（以上、吉川弘文館）／『図説伊達政宗』仙台市博物館編・渡辺信夫監修、『徳川将軍百話』中江克己、『織田家の人びと』小和田哲男（以上、河出書房新社）／『名将言行録（上）』北小路健・中沢恵子ほか（ニュートンプレス）／『英雄たちの臨終カルテ』大坪雄三（羽衣出版）／『新編日本武将列伝3』『新編日本武将列伝6』桑田忠親（秋田書店）／『呪術が動かした日本史』武光誠（ネスコ）／『日本史の謎と真説』南条範夫（銀河出版）／『戦国合戦事典』小和田哲男（三省堂）／『武田信玄　その生涯と領国経営』柴辻俊六（文献出版）／『名将を支えた戦国の異能群団』桐野作人（日本文芸社）／『信長に「反逆」した男たち』早乙女貢ほか（教育書籍）／『名将言行録』岡谷繁実（岩波書店）／『日本史の中の女性逸話事典』中江克己（東京堂出版）／『信長研究の最前線2まだまだ未解明な「革新者」の実像』渡邊大門編（洋泉社）／『そうだったのか⁉　戦国ミステリーの真相』跡部蛮（メディアパル）／『島津四兄弟の九州統一戦』新名一仁（星海社）／『秀吉家臣団の内幕　天下人をめぐる群像劇』滝沢弘康（ソフトバンクパブリッシング）／『日本の城　恐怖伝説』楠戸義昭（祥伝社）／「歴史のウラ舞台」おもしろ人物帖』泉秀樹（三笠書房）／『名城と合戦の日本史』小和田哲男（新潮社）

本書は、本文庫のために書き下ろされたものです。

戦国時代《せんごくじだい》ミステリー

著者　博学面白倶楽部（はくがくおもしろくらぶ）
発行者　押鐘太陽
発行所　株式会社三笠書房
〒102-0072 東京都千代田区飯田橋3-3-1
電話　03-5226-5734（営業部）03-5226-5731（編集部）
https://www.mikasashobo.co.jp
印刷　誠宏印刷
製本　ナショナル製本

ISBN978-4-8379-6937-2 C0130

王様文庫

世界遺産ミステリー

博学面白倶楽部

ナスカの地上絵、万里の長城、古都アユタヤ、ヴェルサイユ宮殿、フィレンツェ歴史地区、イースター島のモアイ像……「聞いていた話」と、こんなにも違う！　数百年、数千年間、遺されてきたのには理由がある。ガイドブックには出てこない、知られざるストーリー！

「日本の遺産」ミステリー

博学面白倶楽部

仁徳天皇陵古墳の埋葬者、法隆寺の謎の柱、四国お遍路を逆回りに巡ると……先人たちが残し、守ってきた文化遺産、自然遺産。誰もが一度は目にした「日本の遺産」それぞれに秘められた表の顔と裏の顔の謎を読み解くと、もう一つの歴史が浮かび上がってくる！

古代文明ミステリー

博学面白倶楽部

知られざる「ドラマ」、失われた「技術」、信じられない「習慣」――世界は謎とロマンにあふれている！　◎始皇帝陵を守る兵馬俑はなぜすべて東向き？　◎マヤ文明の運命を決定づけた「終末論」　◎神の怒りを買って沈められた伝説の島……〝人類の起源〟がここに！

K30506